iPad 2

Bruemmer & Wagner Verlag

Wir beantworten gerne Fragen zu diesem Buch und freuen uns über Anregungen:
mail@bundwverlag.de

Lektorat: Ute Brümmer, Walter Brümmer, Wolfgang Weisbrod, Brian Morks, Beate Czakon, Roland Penner, Jonas Knipper, Verena Berchtold, Christa Morks, Jürgen Rehm und Flocke.

Umschlaggestaltung: Britta Wagner

Layout: Britta Wagner, Susanne Krause

Druck: Klein und Hiese GmbH, Klingenberg am Main

Hergestellt in Deutschland.

Bibliografische Information der Deutschen Nationalbibliothek.
Die Deutsche Nationalbibliothek verzeichnet diese Publikation in der Deutschen Nationalbibliografie; detaillierte bibliografische Daten sind im Internet über http://dnd.d-nb.de abrufbar.

ISBN 978-3-00-034211-0

1. Auflage 2011

www.bundwverlag.de

Inhalt

Vorwort

Liebe Leserinnen und Leser,

wir freuen uns, dass Sie sich für unser Buch entschieden haben. Von der Idee einen einfachen, verständlichen Leitfaden für das iPad 2 zu verfassen über die Entscheidung, diesen im Selbstverlag zu publizieren bis hin zur Veröffentlichung, war es ein langer Weg. Wir haben jede Minute mit allen Höhen und Tiefen genossen und dabei selbst viel gelernt. Heute sind wir nicht nur glücklich, sondern auch ein bisschen stolz: Stolz darüber, dass unser Buch den Weg in die Buchhandlung geschafft hat und darüber, dass es uns möglich war, diesen Ratgeber in dieser Ausführlichkeit so zeitnah zur Präsentation des iPad 2 Ihnen an die Hand geben zu können.

Wir sind der festen Überzeugung, dass wir Ihnen mit diesem Ratgeber nicht nur den einfachsten Einstieg in die Computerwelt bieten, sondern auch den größten Nutzen für Ihre ganz persönliche Kommunikation mit Freunden und Familie. Sei es der Enkel, der gerade ein Auslandssemester in China absolviert oder die Tochter, die für ihre Firma auf einem Auslandsprojekt weilt: In jedem Fall zeigt Ihnen ***iPad 2 – einfach & schnell zum Ziel*** *wie Sie mit Ihren Lieben nah und fern am Besten in Kontakt bleiben.*

Wir sind an Ihrem Lernfortschritt interessiert und würden uns freuen, wenn Sie uns auf dem Laufenden halten. Teilen Sie uns mit, wie Sie mit unseren Ratschlägen zurechtgekommen sind: Waren sie verständlich formuliert und einfach umzusetzen? Waren sie ausreichend? - Für diesen Zweck haben wir auf unserer Webseite, die Sie im Laufe des Buches kennenlernen werden, Möglichkeiten der Kontaktaufnahme eingerichtet Surfen Sie auf ***www.bundwverlag.de*** *oder schreiben Sie uns eine Mail.*

Auf unserer Webseite bieten wir Ihnen zusätzlich zu den Hilfestellungen einige Lehrvideos an. Diese führen Sie Schritt für Schritt durch alle anspruchsvolleren Aufgaben, die Sie auf dem Weg zum digitalen Dialog mit Freunden und Familie zu bewältigen haben. Wir hoffen, dass Sie auch von diesem Angebot regen Gebrauch machen werden. Wenn Sie nach der Lektüre dieses Buches wissen, wie Sie eine Internetseite bedienen, wird Ihnen das Lernen mit Hilfe von Videos viel Freude bereiten und Sie zum schnellen Lernerfolg führen.

Natürlich können Sie uns auch auf dem Postweg oder per Telefon erreichen. Wir freuen uns genauso über Briefe und Telefonnachrichten an folgende Adresse:

Bruemmer & Wagner Verlag
Damaschkestrasse 26
10711 Berlin
Tel.: 030 / 60 98 58 60
Fax: 030 / 60 98 58 59
mail@bundwverlag.de
www.bundwverlag.de

Halten Sie nicht zurück mit Ihrer Meinung! Lob, Tadel und Hinweise jeglicher Art sind bei uns herzlich willkommen. Nur so können wir uns verbessern. Nicht zuletzt ist es die Offenheit für Rückmeldungen aus der Leserschaft, die das Internet zu einem solch großartigen Portal für Information und gleichberechtigten Austausch gemacht hat. Diese Tradition möchten wir gerne mit Ihnen fortsetzen.

Seien Sie gegrüßt und nun viel Spaß beim Entdecken Ihres iPad,

Ihr Oliver Bruemmer

Einleitung

Notizen

Erste Schritte mit dem iPad

- *Fingerbewegungen*
- *Tastatur*
- *Notizen schreiben*

FINGERBEWEGUNGEN

Zum weltweiten Erfolg des iPad trug nicht zuletzt die intuitive Bedienung über die Finger bei. Es dauert seine Zeit bis man die genaue Sensitivität des Bildschirms einschätzen kann, aber wenn sich das Gefühl für die Druckpunkte erst einmal entwickelt hat, ist es eine wahre Freude auf dem Bildschirm zu tippen, zu zwicken und zu wischen. Gehen wir die Techniken im Einzeln durch.

Beim Tippen wird zwischen dem einfachen und dem doppelten Tippen unterschieden. Die einfache Bildschirmberührung dient zum Beispiel dem Öffnen von Apps. ***Apps sind Programme, die auf Ihrem iPad installiert sind. Vereinfacht gesagt, versteckt sich hinter jedem Symbol auf Ihrem iPad eine App.*** Mit dem doppelten Tippen können Sie in den meisten Apps das Anzeigebild vergrößern. In der Safari App, mit der Sie im Internet surfen, wirkt ein doppeltes Tippen auf dem Bildschirm wie eine Lupe. Wollen Sie von dieser vergrößerten Anzeige dann wieder zurück zur Normaldarstellung, tippen Sie einfach ein zweites Mal doppelt auf den Bildschirm. Beachten Sie, dass das zweifache Tippen recht schnell hintereinander ausgeführt werden muss.

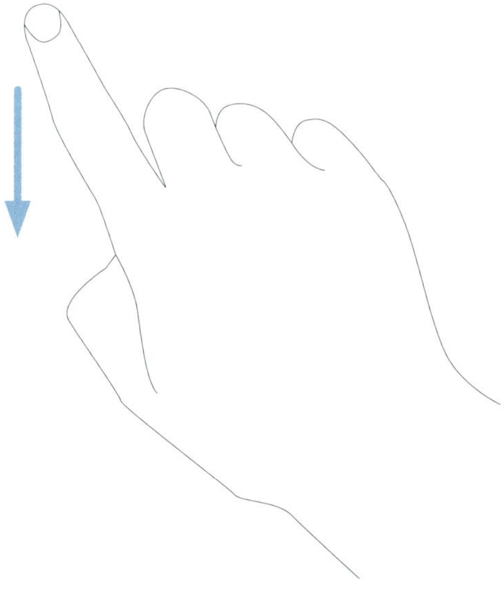

Den Vergrößerungseffekt können Sie auch durch das sogenannte Zwicken oder englisch „pinchen“ erzielen. Bei dieser Fingerbewegung drücken Sie Daumen und Zeigefinger zusammen, wie wenn Sie jemand kneifen wollen. So verkleinert sich das Bild. Bei der umgekehrten Bewegung wird das Bild wieder größer.

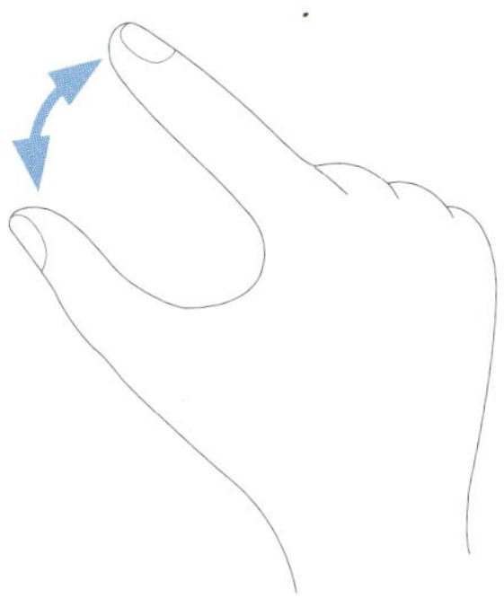

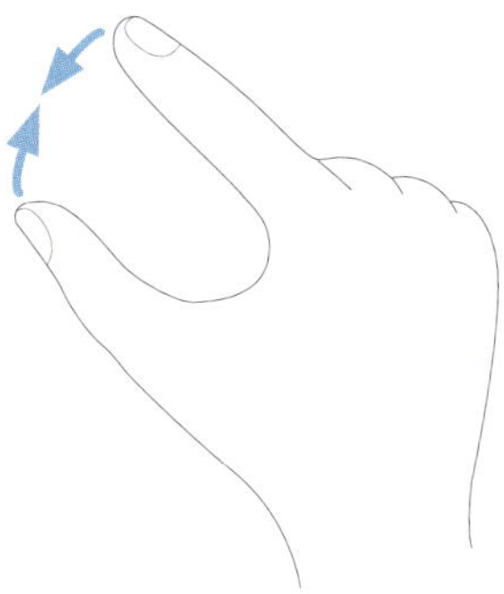

Bei der Wischtechnik gleiten oder wischen Sie mit einem Finger in die Richtung, in die Sie sich die Anzeige bewegen soll. Wenn Sie einen Punkt des Bildes weiterhin angezeigt haben, die Anzeige aber trotzdem in eine bestimmte Richtung anstoßen wollen, bleiben Sie mit dem Zeigefinger auf dem Bildschirm und bewegen Sie die Anzeige in die gewünschte Richtung. Diese Technik funktioniert nicht in allen Apps, ist aber beispielsweise auf Karten sinnvoll, um eine bestimmte Stadt nicht aus der Anzeige zu verlieren.

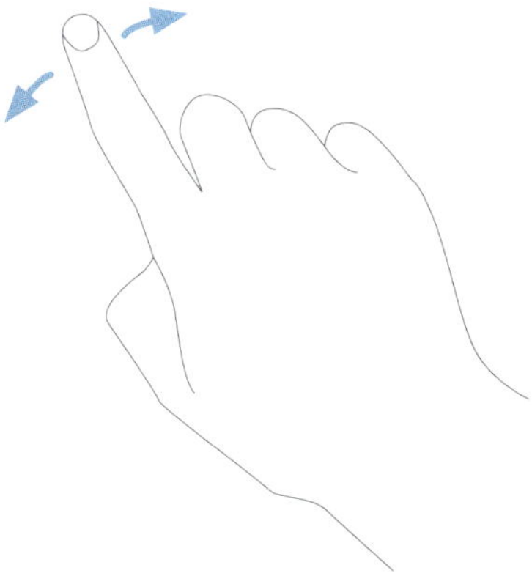

HINWEIS:
Eigentlich wollte Apple mit dem neuen iPad zusätzliche Fingerbewegungen für eine noch handlichere Bedienung veröffentlichen. Dazu kam es dann anscheinend aus Zeitgründen nicht. Jedoch haben findige Programmierer mittlerweile eine App entwickelt, die Vierfinger- und Fünffingerbewegungen auf dem iPad zur Verfügung stellt. Mit dieser Erweiterung lässt sich dann beispielsweise mit der ganzen Hand in einem Buch blättern. Eine sehr praktische Technik.

TASTATUR

Neben den Fingerbewegungen haben Sie die Möglichkeit, Ihr iPad über die Tastatur zu bedienen. Sie erscheint immer automatisch, wenn Sie etwas in das iPad eingeben müssen, wie beispielsweise beim Schreiben einer Mail oder beim Eingeben eines neuen Kontaktes in Ihr Adressbuch.
Das iPad erwartet von Ihnen lediglich, dass Sie einmal kurz auf die Stelle tippen, an der Sie etwas eingeben wollen. Dann erscheint die Tastatur so wie hier dargestellt.

Wie Sie sehen, werden zuerst nur Buchstaben und keine Zahlen angeboten. Dies können Sie ändern, indem Sie in der untersten Reihe auf die ***Zahlen- und Zeichentaste*** 1 tippen. Haben Sie sich geirrt und möchten doch die Tastatur nicht angezeigt bekommen, tippen Sie auf das kleine ***Tastatursymbol*** 2. Der weiße Balken in der Mitte ist die ***Leertaste*** 3 zum Einfügen von Textzwischenräumen. Der ***blaugefärbte Pfeil*** 4 in der zweiten Reihe weist Sie darauf hin, dass der nächste Buchstabe, den Sie eintippen, groß geschrieben wird. Wenn Sie mit Kleinbuchstaben anfangen wollen, tippen Sie erneut auf den blauen Pfeil. Die blaue Färbung verschwindet, und Sie beginnen Ihren Text mit Kleinschreibung.

In der zweiten Reihe befinden sich ***doppelt belegte*** 5 Tasten. Wollen Sie das obere Zeichen ausgeben, müssen Sie darauf achten, dass auch hier der Pfeil blau erscheint, also aktiviert ist. Erscheint der Pfeil schwarz, wird das untere Zeichen auf einer Doppeltaste verwendet. Wichtig ist auch, dass es keinen Unterschied in der Funktionalität von rechtem und linkem Pfeil gibt. Es gibt sie gibt es lediglich in doppelter Ausführung, weil Apple davon ausgeht, dass man mit beiden Händen schreibt und somit sowohl links als auch rechts eine Großschreibtaste benötigt.

Über der rechten Großschreibtaste befindet sich die ***Return- bzw. die Bestätigungstaste*** 6. Mit Ihr bestätigen Sie Ihre Eingaben und gelangen in die nächste Zeile. Darüber befindet sich die ***Zurück-Taste*** 7, mit der Sie vorgenommene Eingaben wieder löschen können. Über die ***Zahlen- und Zeichentaste*** 1 gelangen Sie auf die erste ***Ergänzungstastatur*** 8 mit Zahlen und weiteren Zeichen.

Über ***ABC*** 1 wechseln Sie zwischen erster Ergänzungstastatur und Anfangstastatur. Wenn Sie auf dieser Tastatur immer noch nicht das Zeichen finden, das Sie suchen, gelangen Sie über **# + =** 2 auf ***die zweite Ergänzungstastatur*** mit weiteren Zeichen.

TIPP:
ERLEICHTERTE EINGABE ÜBER VERSTECKTE TASTATURBEFEHLE

Einfügen eines Punktes gefolgt von einem Leerzeichen	*Doppeltes Tippen der Leertaste.*
Einen Buchstaben groß Schreiben	*Entweder regulär über die Großschreibtaste oder von der Großschreibtaste direkt zum gewünschten Buchstaben mit dem Finger wischen.*
Permanente Großschreibung	*Doppeltes Tippen auf die Großschreibtaste. Die Großschreibtaste wird komplett blau. Doppeltes Tippen um die Großschreibung wieder abzustellen.*

Verwendung eines anderssprachigen Tastaturlayouts	*Haben Sie eine andere Tastatursprache in den allgemeinen Einstellungen aktiviert, wird Ihnen am unteren Tastaturrand ein Globus angezeigt. Beim Tippen wechselt das Tastaturlayout.*
Umlaut schreiben	*Halten des Buchstabens, dann auf den Umlaut wischen.*
Text löschen	*Eingegebener Text kann durch Schütteln des iPad gelöscht werden, ein zweites Schütteln bringt den gelöschten Text wieder zum Vorschein.*

NOTIZEN SCHREIBEN

Die App Notizen ist nicht nur hervorragend dafür geeignet, Gedanken und Aufgaben festzuhalten, sondern bietet Ihnen auch die Gelegenheit, die Texteingabe über die Tastatur in allen Facetten zu üben. Nutzen Sie den übersichtlichen Rahmen der Notizen App, um sich mit der Tastatur und den Fingerbewegungen vertraut zu machen. Tippen Sie nach Belieben Text.

Lassen Sie uns die Funktionsweise von Tastatur und Fingerbewegungen anhand einer Testnotiz erkunden. Gehen Sie hierzu wie folgt vor:

1. *Tippen Sie auf die Notizen App auf dem iPad Startbildschirm.*

2. *Geben Sie testweise die Kontaktdaten unseres Verlages wie abgebildet ein.*

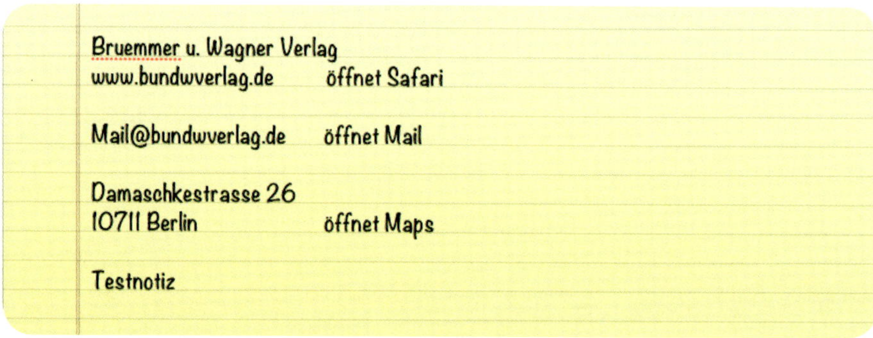

3. *Um in die nächste Zeile zu gelangen, tippen Sie die **Bestätigungstaste** auf der Tastatur.*

4. *Vergessen Sie nicht, dass es noch die zweite und dritte Tastatur gibt, wenn Sie ein gewünschtes Symbol nicht sofort auf der angezeigten Tastatur finden.*

5. *Auf die zweite und dritte Tastatur gelangen Sie über **.?123** und **#+=**.*

Neben dem normalen Schreiben und Löschen von Text bietet Ihnen die Textverarbeitung des iPad auch die Möglichkeit, Worte zu kopieren und einzufügen.

Dies geschieht wie folgt:

1. *Tippen Sie doppelt auf ein bereits eingegebenes Wort.*

2. *Sie bekommen nun zwei **blaue Begrenzungspunkte** angezeigt und Ihnen wird eine **Bearbeitungsleiste** mit den Optionen **Ausschneiden, Kopieren, Einsetzen** und **Ersetzen** eingeblendet.*

3. *Neben der **Bearbeitungsleiste** steht Ihnen nach wie vor die **Zurück-Taste** auf der Tastatur zur Verfügung, um das markierte Wort komplett zu löschen.*

4. *Wenn Sie das markierte Wort an einer anderen Stelle einsetzen wollen, tippen Sie auf **Ausschneiden** oder **Kopieren** und tippen Sie anschließend doppelt auf die gewünschte neue Stelle in der Notiz.*

5. *Eine neue Bearbeitungsleiste mit den Optionen **Auswählen, Alles** und **Einsetzen** öffnet sich.*

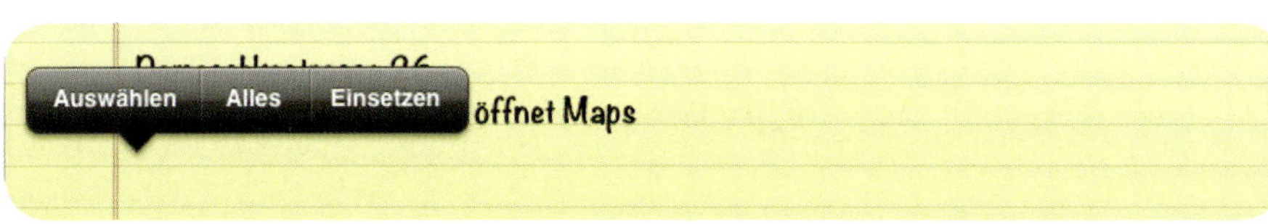

6. *Tippen Sie auf **Einsetzen,** und das ausgeschnittene Wort wird an der neuen Stelle eingefügt.*

TIPP:
Ziehen Sie an den blauen Begrenzungspunkten, um Ihre Auswahl von einem auf mehrere Worte auszudehnen und auszuschneiden.

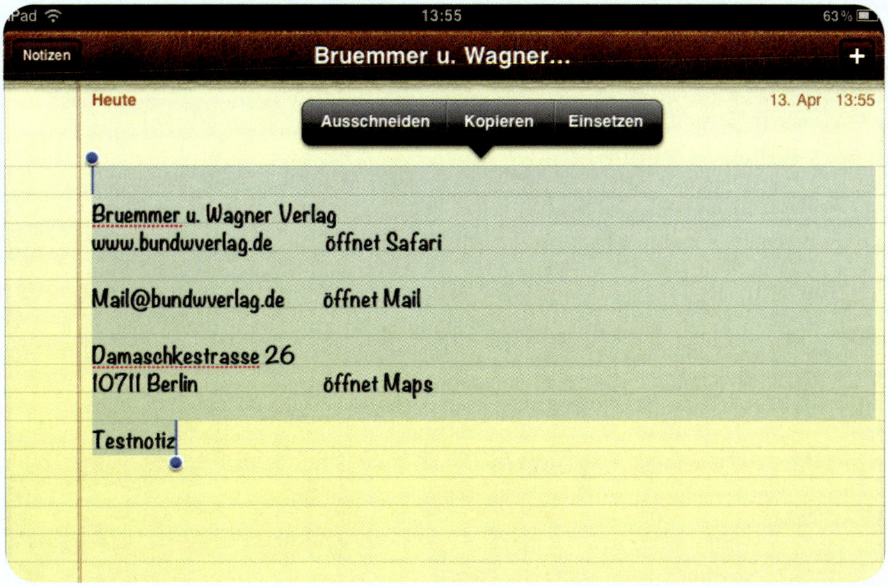

HINWEIS:
Die ***braun unterlegten Worte*** 1 in der Testnotiz signalisieren, dass die Worte von Ihrem iPad erkannt werden und automatisch weiterverarbeitet werden können. Zum Beispiel kann das iPad im vorliegenden Fall erkennen, dass es sich bei ***Damaschkestrasse 26, 10711 Berlin*** um eine Adresse handelt. Bei Tippen auf diese Adresse würde das iPad direkt in die iPad App Karten springen. Mit dieser App können Sie sich dann direkt auf einer Landkarte anschauen, wo sich die Adresse befindet. Probieren Sie es aus. Was die anderen Adressinformationen bedeuten, braucht Sie vorerst noch nicht interessieren. Die Auflösung folgt in den anschließenden Kapiteln.

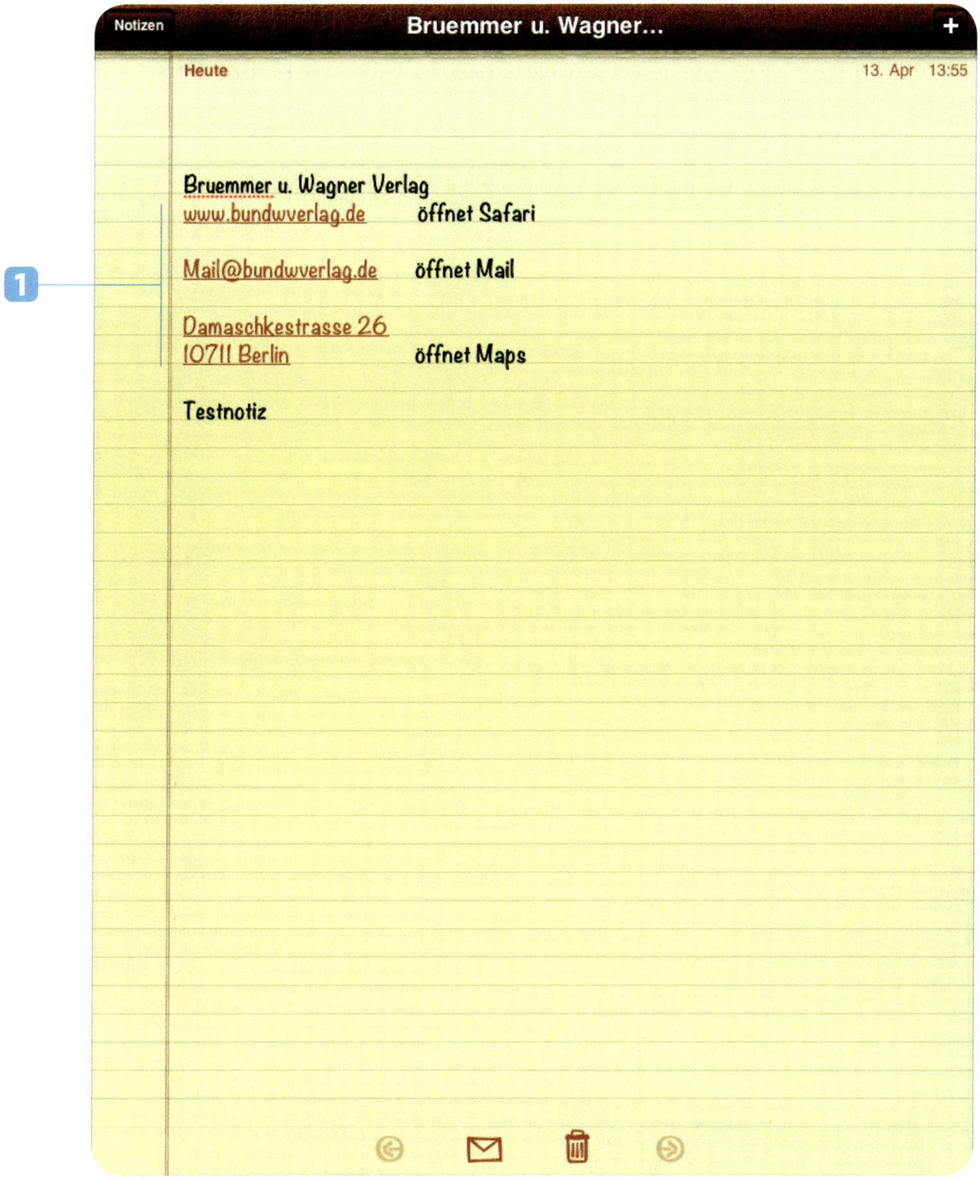
Notizen
Bruemmer u. Wagner...
+
Heute
13. Apr 13:55
Bruemmer u. Wagner Verlag
www.bundwverlag.de
öffnet Safari
Mail@bundwverlag.de
öffnet Mail
Damaschkestrasse 26
10711 Berlin
öffnet Maps
Testnotiz
1

Gerät

iPad 2

- *Die iPad-Modellwahl*
- *Übersicht der Modelle*
- *Die Hürde der Inbetriebnahme*
- *Der Inhalt des iPad Kartons*
- *Gerätevorderseite*
- *Geräterückseite*

DIE IPAD-MODELLWAHL

Das Apple iPad wird in zwei unterschiedlichen Ausführungen angeboten. Ein Modell, das es erlaubt, sich sowohl mit Hilfe einer Mobilfunkkarte, als auch über eine Wi-Fi Verbindung ins Internet einzuwählen, und ein Modell, das den Internetzugang nur mit Hilfe eines Wi-Fi möglich macht.

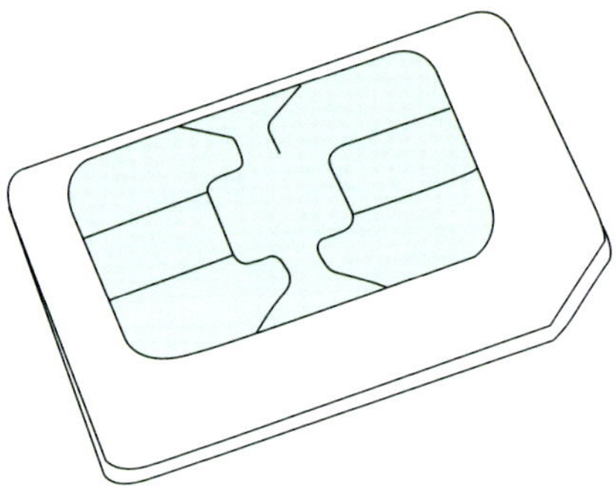

HINWEIS:
Wi-Fi ist die englische Bezeichnung für kabelloses Internet. In Deutschland ist die Bezeichnung W-Lan gängig. Wi-Fi erlaubt Ihnen, sich über Funk mit Ihrem iPad ins Internet einzuwählen.

Voraussetzung für die Interneteinwahl über ein Wi-Fi zu Hause ist ein Vertrag mit Ihrem Telefondienstleister, zum Beispiel der Telekom. Diese Lösung ist sehr umständlich, da Sie neben dem Vertrag auch noch etliche Geräte und Kabel für ein eigentlich kabelloses Netz zu Hause installieren müssen, um mit Ihrem iPad endlich im Internet lossurfen zu können.

Weitaus einfacher ist es, wenn Sie sich das iPad 3G in Verbindung mit der Mobilfunkkarte anschaffen. Das iPad 3G ist zwar 100€ teurer als das Vergleichsgerät ohne Mobilfunkkartenfunktion. Diese Mehrausgaben lohnen sich nach meinen Erfahrungen allerdings schon aufgrund der einfacheren und zügigeren Interneteinrichtung. Außerdem sparen Sie die Kosten für die zusätzlichen Geräte, die Sie sich anschaffen müssten, und darüber hinaus jeglichen Ärger mit der Telekom. Ganz zu schweigen von der Möglichkeit, dass Sie sich mit dem iPad 3G auch von zu Hause wegbewegen und zum Beispiel in Bus und Bahn oder bei Freunden surfen können. Bei Problemen mit der Internetverbindung gehen Sie einfach zum Apple-Händler, und er wird das Problem mit einem iPad 3G meistens sofort vor Ort beheben.

ÜBERSICHT DER VERSCHIEDENEN IPAD MODELLE

MODELLNAME MIT SPEICHERKAPAZITÄT	PREIS
iPad Wi-Fi + 3G 16GB	*599€*
iPad Wi-Fi + 3G 32GB	*699€*
iPad Wi-Fi + 3G 64GB	*799€*
iPad Wi-Fi 16GB	*479€*
iPad Wi-Fi 32GB	*579€*
iPad Wi-Fi 64GB	*679€*

Was die Speicherkapazität anbelangt, bin ich der Meinung, dass ein 16GB Gerät am Anfang völlig ausreichend ist. Die Geräte mit 32GB und 64GB Speicherkapazität wurden hauptsächlich für Verbraucher konzipiert, die eine große Menge Musik und Film auf dem Gerät speichern wollen.

Die Wahl des richtigen Vertragspartners für den passenden Internettarif ist nicht ganz einfach, mit ein wenig Umsicht und Unterstützung durch Familienangehörige aber sehr gut machbar. Es gibt eine Vielzahl an Anbietern. Vodafone, Telekom, E-Plus und O2 sind die Hauptanbieter in Deutschland. Es herrscht ein ziemliches Tarifchaos, und Sie werden sehen, dass jeder Anbieter mindestens drei Tarifoptionen für den drahtlosen Weg ins Internet mit dem iPad für Sie parat hält. Wichtig für Sie bei der Wahl des passenden Vertragspartners sind folgende Kriterien:

- *die Netzabdeckung*
- *die Kündigungsfrist*
- *die Flatrate*

Aus eigener leidvoller Erfahrung kann ich Ihnen sagen, dass Sie keine Freude an einer Verbindung haben werden, die dauernd abbricht oder nur sehr langsam ist. Laut Testergebnissen bietet Vodafone hier momentan die beste Netzabdeckung, gefolgt von der Telekom Tochter T-Mobile. Beachten Sie bei den Angeboten die Kündigungsfrist. Es ist immer gut, sich die Option der Kündigung offen zu halten, vor allem in einer Zeit, in der eine monatliche Kündigungsfrist eigentlich an der Tagesordnung sein sollte. Genauso empfehle ich Ihnen, den Kassenbeleg für Ihr iPad gut aufzubewahren. Viele Händler zieren sich, das iPad bei Nichtgefallen zurückzunehmen. Kaufen Sie bei einem großen Elektronikhändler. Hier ist die Wahrscheinlichkeit höher, dass Ihr Gerät ohne große Diskussionen zurückgenommen wird. Dies kann auch bei einem Garantiefall von Vorteil sein. Einen sogenannten Flatrate-Tarif, um unbegrenzt zu surfen, empfehle ich Ihnen, weil Sie hiermit Ihre ersten Surferfahrungen machen können, ohne die Kosten immer im Auge behalten zu müssen. Dies ist besonders bei den ersten Schritten im Internet ein nicht zu unterschätzender Vorteil, da man sich ja doch auf so allerhand Neues einstellen und konzentrieren muss. Ich würde Ihnen vorschlagen, dass Sie den Internettarif von jemand aus Ihrer Familie abschließen lassen. Leider sind die meisten dieser Tarife nur online buchbar, so dass ein Besuch bei einem Mobilfunkhändler Ihnen sowieso nicht weiterhilft. Unterschätzen Sie nicht den Vorteil für Sie: Da Sie schon wissen, was Sie wollen, können Sie im Internet gezielt den gewünschten Tarif mit Ihrem Familienangehörigen ansteuern und brauchen sich keinem Verkaufsgespräch eines Händlers auszusetzen, in dem er Ihnen im gleichen Atemzug noch ein neues Handy verkaufen möchte. Kurzum: Bitten Sie eventuell einen Familienangehörigen, dem Sie vertrauen und der sich mit dem Einkaufen im Internet auskennt, sich für Ihre Bestellung ein paar Minuten Zeit zu nehmen. Setzen Sie sich gemeinsam vor den PC und folgen Sie dem Bestellprozess auf der entsprechenden Webseite.

DIE HÜRDE DER INBETRIEBNAHME

Haben Sie sich gleich für den Kauf eines iPad 3G entschieden? Herzlichen Glückwunsch zu dieser Entscheidung. Mit dieser Entscheidung stehen Sie nicht auf einsamer Flur. Bevor Sie im Idealfall von einem Bekannten begleitet zu einem Fachhändler gehen und sich das iPad kaufen, tun Sie sich den Gefallen und bestellen Sie ***im Voraus*** die Micro-Simkarte, die in das iPad für den Internetzugang eingelegt werden muss. Dies hat den Vorteil, dass Sie diese dann samt Zugangs-PIN mit zum Kauf nehmen können und im Fachgeschäft gleich nach einer kompletten Einrichtung des Gerätes fragen können. Kaufen Sie die Micro-Simkarte erst im Anschluss an den Erwerb des iPad, müssen Sie sich selbst um deren Einlegen und Installation kümmern. Dies ist nicht immer ganz einfach und ist in den Händen eines Fachmannes besser aufgehoben. Sie ersparen sich dadurch eine Menge Ärger.

Lassen Sie sich von Ihrem Apple Fachhändler oder von einem Bekannten neben der Micro-Simkarte auch gleich iTunes einrichten.

iTunes können Sie sich wie eine Zentrale aller iPads vorstellen. Jeder iPad Besitzer muss sich bei iTunes registrieren, um sein iPad nutzen zu können. Die Einrichtung von iTunes ist deswegen nicht ganz einfach, weil hierzu ein weiterer Computer benötigt wird. Das iPad wird dann mit dem Computer über ein mitgeliefertes Kabel verbunden und in der Zentrale angemeldet. Dieser Anmeldeprozess verlangt von Ihnen die Festlegung einer Mailadresse, eines Passwortes und, sehr sensibel, Ihrer Kontodaten. Sie werden es im Laufe diese Buches merken: wie auch im wirklichen Leben funktionieren die Dienste im Internet nicht ohne Registrierungsprozess. Dass bei der iTunes Registrierung die Kontodaten hinterlegt werden müssen hat den einfachen Grund, dass iTunes auch gleichzeitig als Geschäft genutzt werden kann, indem Sie später nach Bedarf Musik, Hörbücher und Filme direkt auf Ihr iPad beziehen können. Sobald Ihr iPad bei iTunes registriert ist und die erste Verbindung mit einem Computer überstanden hat, werden Sie den dauerhaften autarken Betrieb des Gerätes zu schätzen lernen.

HINWEIS:

Alles in allem ist die Inbetriebnahme des iPad kein Kinderspiel. Besorgen Sie sich deshalb dringend Unterstützung. Aufgrund der Sensibilität der Daten am besten jemand aus dem engeren Freundes- oder Familienkreis, der sich mit der Inbetriebnahme auskennt. Sollten Sie vor dem Kauf Ihres iPad noch keine Mailadresse besitzen, bitten Sie Ihre helfende Hand Ihnen auch diese gleichzeitig einzurichten.

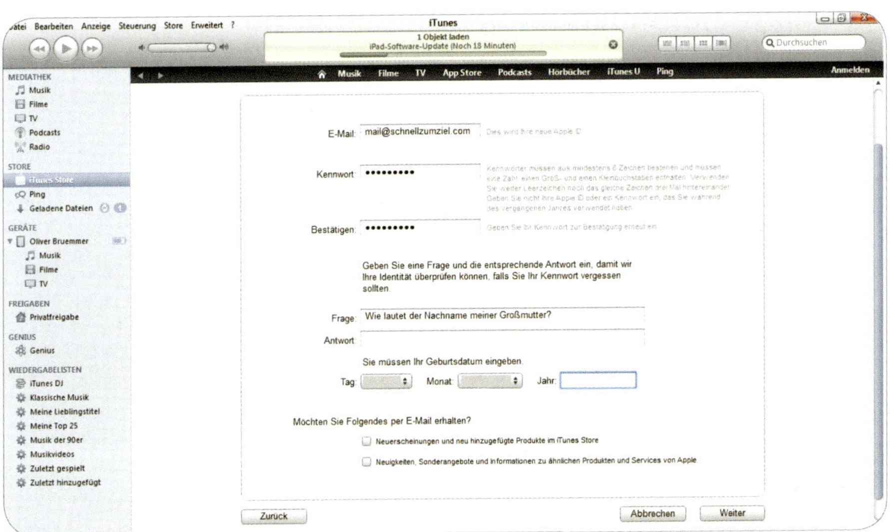

TIPP:

Unabhängig, von wem Sie sich Ihr iPad bei iTunes registrieren lassen: Notieren Sie sich Ihre Zugangsdaten gut. Die Zugangsdaten werden bei der späteren Verwendung des iTunes Stores über Ihr iPad meistens wieder abgefragt und erlauben Ihnen auch den Erwerb von zusätzlichen Apps für Ihr iPad. Was iTunes und der App-Store genau für Sie als Erstbenutzer bedeuten, darauf komme ich im Kapitel ***Videotelefonie*** zu sprechen.

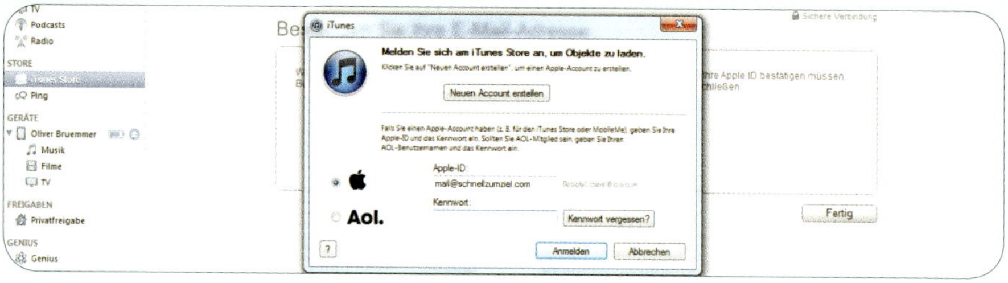

DER INHALT DES IPAD KARTONS

Sie nennen nun das iPad 3G Ihr Eigen, ein Gerät, von dem viele Generationen in der heutigen Zeit schwärmen und das für viele über den praktischen Nutzen hinaus vor allem eins bedeutet: Lifestyle. Lassen Sie uns zusammen die praktischen Seiten erkunden.

Neben dem iPad selbst finden Sie im Verpackungskarton noch eine übersichtliche Menge an Zubehör. Erschrecken Sie nicht, wenn Sie keine ausführliche Betriebsanleitung vorfinden. Die hat der Hersteller Apple nicht vergessen beizulegen, sie gibt es schlicht und einfach nicht. Apple bietet seinen Kunden aber die Möglichkeit, diese aus dem Internet runterzuladen und auszudrucken. Wie Sie das bewerkstelligen und was ein Download eigentlich ist, dazu komme ich noch. In einem weißen Kuvert im Karton finden Sie die Nadel, die Sie zum Einlegen der Mobilfunkkarte brauchen. In den zwei Fächern darunter befinden sich das Ladegerät und das USB-Kabel. Leider kommt dies

nicht im vormontierten Zustand, sondern muss noch zusammengesetzt werden. Ich empfehle Ihnen, das Ladegerät sofort für den späteren Einsatz zu montieren. Nach den ersten Einsätzen wird Ihr iPad sicherlich geladen werden müssen. In der ersten iPad Generationen lagen dem Karton zeitweise noch weiße Kopfhörer bei.
Mittlerweile hat sich Apple auf das Wesentliche beschränkt und verzichtet sogar auf dieses kleine nützliche Zubehör. Sind wir froh, dass es das Ladekabel noch in den Karton geschafft hat.

GERÄTEVORDERSEITE

Die Gerätvorderseite läßt sich in Bildschirmrand und Bildschirm unterteilen. Auf dem Bildschirmrand befinden sich die ***Vorderkamera*** 1 und die wichtigste Einrichtung des iPad überhaupt, die ***Home-Taste*** 2. Die ***Home-Taste*** befindet sich an der Geräteunterseite und ist durch ein weißes Quadrat gekennzeichnet. Durch Drücken der Home-Taste kommen Sie immer wieder zum ***Startbildschirm*** 3 zurück, egal in welchen Tiefen des Gerätes Sie sich verworren haben. Dies ist ein absoluter Vorteil des iPad im Vergleich zu anderen Geräten, bei denen nicht so einfach die Reißleine zu ziehen ist und man auch mal in einem Fenster feststecken kann.

TIPP:

Die Home-Taste ist Ihre wichtigste Taste auf dem iPad. Wenn Sie an einer Stelle nicht mehr weiterkommen, drücken Sie die Home-Taste und atmen Sie durch. Tippen Sie im Anschluss erneut auf die App, in der Sie arbeiten wollen, und versuchen Sie es noch einmal.

Der Bildschirm gliedert sich in die ***Statusleiste*** 4 ***, die Apps*** 5 und ***die Docks*** 6 **.** In der Statusleiste werden unter anderem Informationen zur aktuellen Internetverbindung, zum Batterieladestatus und die Uhrzeit angezeigt.

1
4
5
3
6
2

SYMBOL IN DER STATUSLEISTE	BEDEUTUNG
	***Flugmodus***
3G	***Schneller Mobilfunkmodus***
E	***Mittelschneller Mobilfunkmodus***
o	***Langsamer Mobilfunkmodus***
	***WI-FI Verbindungsaktivität***
	***iPad Aktivität***
VPN	***VPN Verbindung***
	***iPad Sperrmodus***
	***Gesperrte Bildschirmausrichtung***

ERKLÄRUNG

Dieses Symbol erscheint, wenn sich das iPad im Flugzeugmodus befindet. In diesem Modus können Sie nicht auf das Internet zugreifen, weil alle Funkverbindungen unterbrochen sind.

Diese Symbole haben alle etwas mit der Qualität Ihrer Funkverbindung zu tun. Im 3G Modus können Sie auf die schnellste Datenverbindung zurückgreifen, der Kreis symbolisiert das langsamste Netz.

Ihr iPad kann sich nicht nur mit der Mobilfunkkarte ins Internet einwählen, sondern besitzt auch die Möglichkeit, sich über ein Drahtlosnetzwerk ins Internet einzuwählen. Dieses Drahtlosnetzwerk muss allerdings erst vorhanden sein. Sie finden es bei Privatpersonen, in Büros oder aber auch in Cafés.

Die Rosette signalisiert Ihnen, das das iPad arbeitet. Normalerweise verzögert das Ihre Folgebefehle nicht. Aber sollten das iPad einmal einen Ihrer Befehle nicht sofort ausführen und dieses Aktivitätssymbol aufleuchten, haben Sie einfach etwas Geduld.

VPN steht für Virtual Privat Network und bietet vor allem Geschäftskunden die Möglichkeit, sich über Ihr Firmennetzwerk ins Internet einzuwählen.

Das iPad ist durch ein Passwort geschützt.

Die Bildschirmausrichtung ist entweder auf horizontal oder vertikal festgelegt.

SYMBOL IN DER STATUSLEISTE	*BEDEUTUNG*
	***Audiowiedergabemodus***
	***Bluetoothaktivität***
	***Batteriestatus***

Auf dem ***Startbildschirm*** bekommen Sie eine Übersicht über die vorinstallierten Programme, die sogenannten ***Apps***.

HINWEIS:
Der Begriff Apps wird Ihnen in diesem Buch immer und immer wieder begegnen. Dieser Ausdruck für iPad-Anwendungen wurde von der Firma Apple geprägt und wird mittlerweile als Synonym für kleine Programme auf mobilen Endgeräten verwendet. Jede App hat Ihr eigenes Symbol auf dem Startbildschirm. Der App-Store, der auch sein eigenes Symbol auf dem Startbildschirm hat, stellt Ihnen über die vorinstallierten Apps hinaus weitere Zusatzanwendungen zur Verfügung.

Die 4 wichtigsten Apps befinden sich in der Dock am unteren Bildschirmrand. Vom Startbildschirm haben Sie die Möglichkeit, durch einen Wisch nach rechts zum Spotlight-Suchfenster zu gelangen. Hier können Sie Ihr iPad nach Namen oder Begriffen durchsuchen.

ERKLÄRUNG
Entweder wird Musik, ein Audiobuch oder ein Podcast abgespielt.
Das Symbol leuchtet weiß, wenn das iPad mit einer Bluetooth Tastatur oder einem Kopfhörer verbunden ist. Bei einem grauen Symbol ist Bluetooth aktiviert, aber nicht verbunden mit einem Gerät.
Der Blitz durch das Batteriesymbol signalisiert, dass das Gerät geladen wird. Ist das Gerät nicht mit dem Stromnetz verbunden, erscheint der Ladestatus der Batterie als Prozentangabe.

APP	*SUCHRUBRIKEN VON SPOTLIGHT*
Kontakte	*Vor-, Nach- und Firmenname*
Mail	*Von, An, Betrefffend*
Kalender	*Ereignistitel, Teilnehmer, Ort*
Notizen	*Text der Notizen*
iPod	*Musik (Songtitel, Interpret, Album)* *Titel der Podcasts, Audiobücher*

Durch einen Wisch nach links vom Startbildschirm aus erreichen Sie zu diesem Zeitpunkt noch kein weiteres Fenster. Erst wenn Sie die ersten eigenen Apps aus dem App Store laden, werden diese in einem Fenster rechts vom Startbildschirm angezeigt und können durch einen Linkswischer erreicht werden.

Bevor wir uns den vorinstallierten Apps und deren Funktionen widmen, bietet die folgende Tabelle eine einführende Kurzübersicht über alle vorinstallierten Apps mit einer Funktionsbeschreibung:

APP	BESCHREIBUNG
Dock-Apps	
 Safari	*Safari ist der Apple-eigene Internetbrowser. Mit dieser App surfen Sie im Netz. Der Name Safari ist ein von Apple gewählter Eigenname und ein ähnliches Produkt wie der Microsoft Internet Explorer oder der Mozilla Firefox.*
 Mail	*Mit der App Mail versenden und empfangen Sie Ihre eMails. Sobald eine neue Mail eingeht, erscheint auf dem Mail Symbol ein roter Punkt.*
 Fotos	*Mit der Fotos-App können Sie Bilder betrachten und Fotodiashows erstellen.*
 iPod	*Die iPod-App ist Ihre Musikbibliothek. Hier greifen Sie auf Musiktitel, Podcasts und Hörbücher zu.*

APP	BESCHREIBUNG
Standard-Apps	
Kalender	*Die Kalender-App bietet einen digitalen Ersatz für alle Papierkalender.*
Kontakte	*Die Kontakte-App bietet Ihnen die Möglichkeit ein komplettes digitales Adressbuch anzulegen. Es lassen sich sowohl Telefonnummern als auch eMail Adressen und Webseiten abspeichern. Auf die Einträge im Adressbuch kann aus anderen Apps wie z.B. Mail direkt zugegriffen werden.*
Notizen	*Die App Notizen bietet Platz, um schnell einen oder zwei Gedanken festzuhalten.*
Karten	*Mit Karten lassen sich Orte finden, Routen planen und die Welt von zu Hause aus erkunden.*
Videos	*Über die Videos-App schauen Sie Filme, die Sie bei iTunes gekauft haben.*
Game Center	*Nach der Anmeldung beim Game Center können Sie über diese App alleine oder gegen Freunde weltweit verschiedene Spiele bestreiten.*

APP	BESCHREIBUNG
Standard-Apps	
YouTube	*Die YouTube-App greift direkt auf die Internetseite von YouTube, einem Videodienstleister zu. Wenn Sie eine aktive Internetverbindung hergestellt haben, können Sie über die Suche von YouTube zu fast jedem Themengebiet Beiträge finden.*
iTunes	*iTunes ist der von Apple zur Verfügung gestellte Multimediasupermarkt. Hier können Sie nach Lust und Laune Musik, Film und Hörbücher kaufen. Voraussetzung ist die Einrichtung von iTunes über einen Heimcomputer und eine aktive Internetverbindung mit dem iPad.*
App Store	*Im App Store gehen Sie auf Einkaufstour nach neuen Apps. Hier gibt es sowohl kostenlose Erweiterungen zu den schon auf dem iPad vorhandenen Standardapps, als auch kostenpflichtige Programme. Apps können jederzeit wieder gelöscht werden, so dass Sie ohne Bedenken kostenlose Apps auf Ihrem Gerät testen können.*
FaceTime	*FaceTime ist die Neuerung des iPad 2. Über diese App und die eingebauten Videokameras können Sie mit Freunden in der ganzen Welt Videotelefonie betreiben.* *Dabei läßt sich sowohl die Vorderkamera als auch die Hinterkamera aktiv schalten.*

Kamera	*Die Kamera-App erlaubt Ihnen, Bilder und Videos aufzunehmen, um diese dann im Anschluss via Mail mit Freunden zu teilen.*
Photo Booth	*Nutzen Sie Ihr iPad als Passbildautomaten mit der Photo Booth-App. Auch diese Bilder lassen sich als Schnappschüsse im Anschluss problemlos an Freunde via Mail versenden.*
Einstellungen	*Unter Einstellungen finden Sie sowohl übergeordnete als auch lokale Einstellungsmöglichkeiten für Ihr iPad und Ihre Apps.*

GERÄTERÜCKSEITE

Die Geräterückseite beherbergt alle wichtigen Anschlüsse des iPad. Auf der rechten Abbildungsseite befindet sich ***das Fach für die Mobilfunk- oder Micro-Simkarte*** 1. Dieses ist nur bei iPad 3G Modellen zu finden. Die Geräteunterseite beherbergt den ***Ladegerätanschluss*** 2. Er ist nicht nur die Anlaufstelle für das Ladekabel, sondern er stellt auch die Verbindung zu den meisten Zubehörartikeln, wie zum Beispiel Tastaturen oder Adaptern her. Daneben befinden sich die ***Lautsprecher*** 3, mit denen Sie auch ohne Kopfhörer Ton haben.

Auf der linken Seite sind die ***Lautstärkeregelung*** 4 und ein ***Schieberegler*** 5 angebracht. Abhängig von Ihrem Geschmack, können Sie dem Schieberegler entweder die Lautlos- oder die Bildschirmsperrfunktion zuweisen. Die Bildschirmsperrfunktion unterbindet das Rotieren des Bildschirms.

Auf der Geräteoberseite finden Sie die ***An-/Aus-Taste*** 6, ***die Hinterkamera*** 7, eine winzige ***Mikrofonöffnung*** 8 und ***den Kopfhöreranschluss*** 9.

7
6
8
9
1
5
4
iPad
64GB
3
2

Mail

- *Mail einrichten*
- *Einstellungen von Mail*
- *Ausrichtung des iPad in Mail*
- *Die Postfachübersicht*
- *Mails in Ordnung halten*

MAIL EINRICHTEN

Mail ist die App, mit der Sie in der Lage sein werden, Mails zu senden und zu empfangen. Sie starten Mail, indem Sie in der Dock einfach auf das ***Mail Symbol*** 1 tippen.

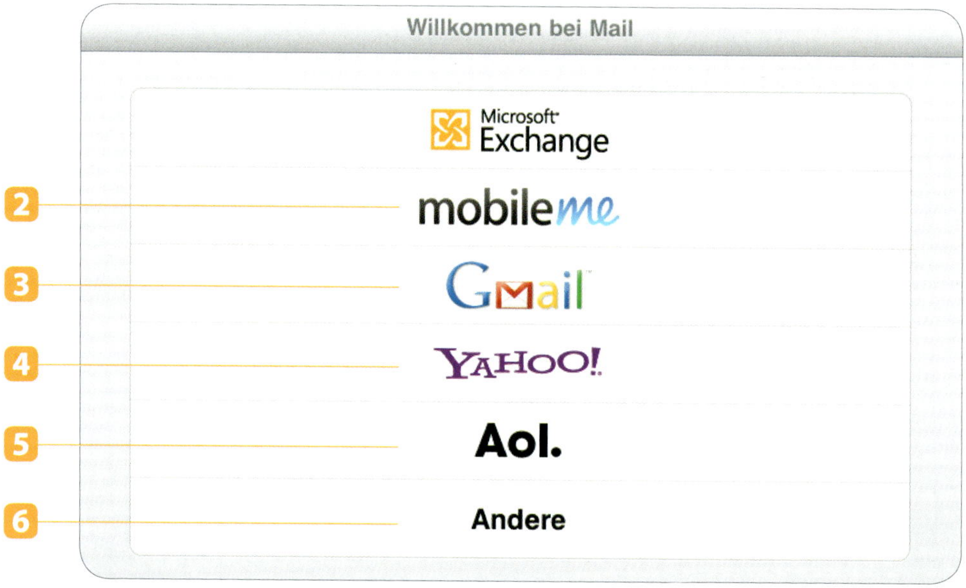

Mail heißt Sie willkommen mit einer Liste von sechs verschiedenen Mailanbietern, die Sie für die Einrichtung Ihrer ganz persönlichen Mailadresse verwenden können. Gehen wir einmal davon aus, dass Sie noch keine Mailadresse besitzen und sich nun Ihre elektronische Postadresse zulegen möchten. Microsoft Exchange sollten Sie aussparen, diese Möglichkeit ist nur für Geschäftskunden sinnvoll, die mit Microsoft im Bereich der IT zusammenarbeiten. Die Option ***Andere*** 6 würden Sie wählen, wenn Sie bereits eine Mailadresse bei einem hier nicht aufgelisteten Anbieter haben.

Es bleiben also ***mobileme*** 2 , ***Gmail*** 3 , ***Yahoo*** 4 ***und AOL*** 5 . Ich möchte Ihnen hier die Einrichtung Ihrer Mailadresse und Ihres Mailbriefkasten auf dem iPad anhand einer Gmail Registrierung demonstrieren. Gmail ist der Mailservice von Google und hat einige Vorteile gegenüber den anderen Anbietern, die wir später noch kennenlernen werden.

Bevor Sie Ihren Mailbriefkasten auf dem iPad einrichten können, müssen Sie sich im Internet bei Google für eine Mailadresse registrieren. Mein Vorschlag wäre, dass Sie sich bei dieser nicht allzu einfachen Aufgabe von einem Familienmitglied unterstützen lassen. Sie werden, nachdem Sie das Buch gelesen haben, selbst in der Lage sein, diese Registrierung vorzunehmen, aber für den Anfang stellt die Einrichtung eines Mailkontos doch eine erhebliche Hürde dar und hält den kontinuierlichen Lernprozess unnötig auf. Für alle, die sich der Herausforderung sofort stellen wollen, hier die Schritt-für-Schritt Anleitung:

- *Surfen Sie mit Ihrem Safari Browser auf* ***www.gmail.com***.

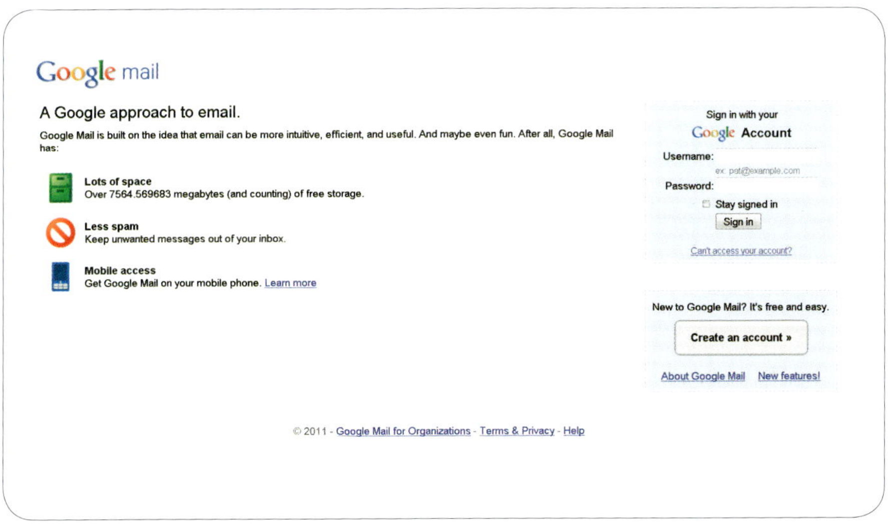

Tippen Sie auf ***Create an Account*** **1** *.*

Wechseln Sie die Sprache auf ***Deutsch*** **2** *. Geben Sie Ihren Namen ein und prüfen Sie die Verfügbarkeit Ihrer Wunschmailadresse.*

Füllen Sie die restlichen Felder aus und akzeptieren Sie die Nutzungsbedingungen.

Ihr Mailkonto wird nun eingerichtet. Tippen Sie auf ***Mein Konto anzeigen.***

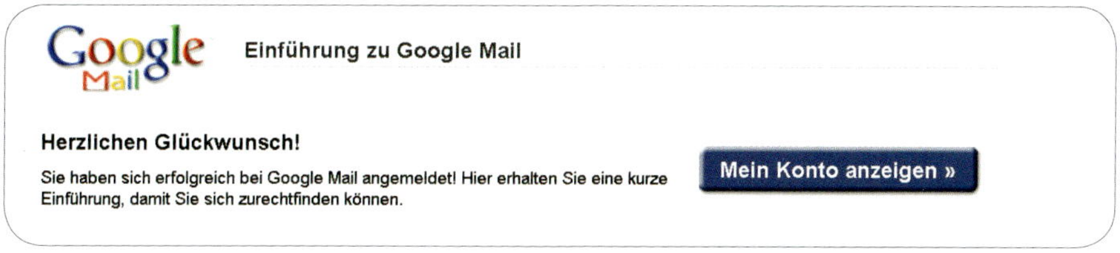

Sie werden automatisch in Ihr neues Postfach weitergeleitet. Dort finden Sie gleich drei Begrüßungsmails von Google. Diese sind vorerst irrelevant für Sie.

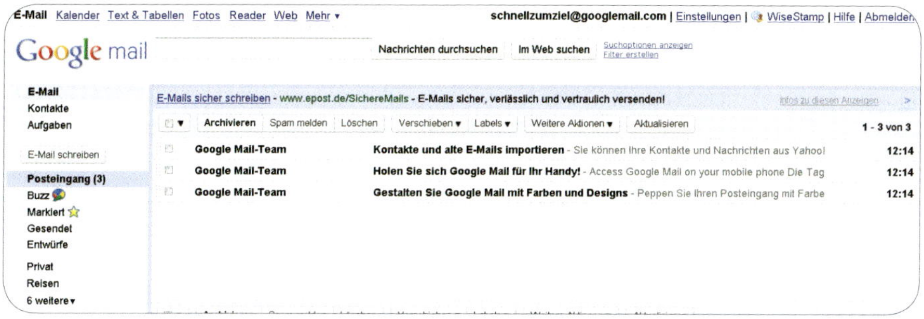

Haben Sie sich erfolgreich eine Gmail Adresse angelegt, brauchen Sie für die Einrichtung Ihres Postfaches auf dem iPad jetzt nur noch die festgelegten Zugangsdaten einzugeben. Tippen Sie hierfür auf dem Mail Willkommensbildschirm auf Gmail und starten Sie die Eingabe.

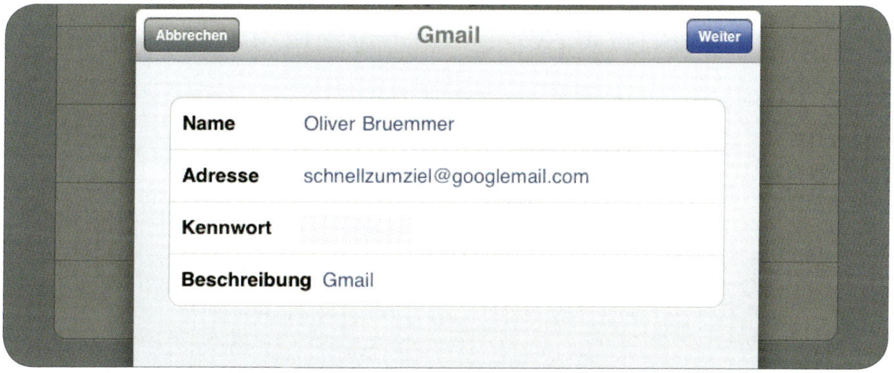

Was Sie in der letzten Zeile bei Beschreibung eingeben, ist Ihnen überlassen. Das iPad fügt einen automatischen Eintrag ein, den Sie aber jederzeit ändern können. Auch beim Namen müssen Sie nicht unbedingt Ihren vollen Namen angeben. Wichtig ist, dass Adresse und Kennwort absolut identisch mit den vorher bei Google festgelegten Daten sind. Achten Sie unbedingt auf Groß- und Kleinschreibung.

Gehen Sie nun wie folgt vor:

- *Tippen Sie auf **Weiter** 1.*

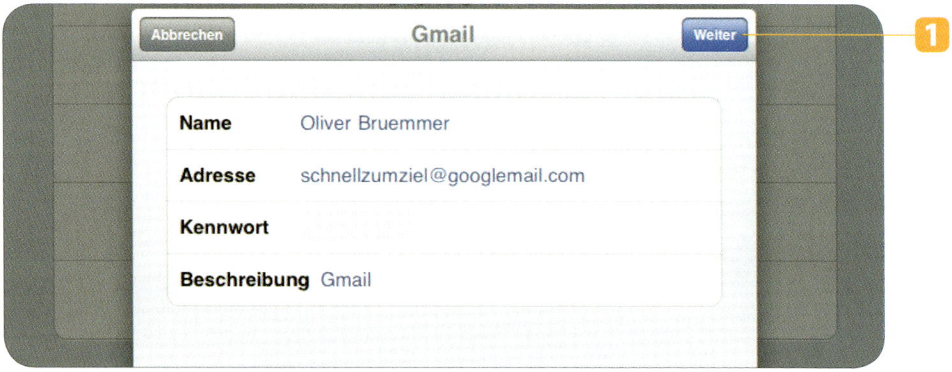

- *Der automatische Überprüfungsprozess beginnt.*
- *Eventuell tritt die Nachricht „Verbindung über SSL unmöglich" auf. Bestätigen Sie diese mit **Ja**.*

- *Im Normalfall werden die Daten nach einer kurzen Zeit mit einem Häkchen versehen und die Anzeige wechselt zum nächsten Fenster.*

- *Bei einer Falscheingabe der Daten kann eine **Fehlermeldung** auftauchen. Gehen Sie auf Bearbeiten und überprüfen Sie Ihre Daten.*

- *Das folgende Fenster bietet Ihnen die Möglichkeit festzulegen, auf welche Funktionen des Gmail Kontos Sie von Ihrem iPad aus zugreifen möchten. Da Sie **Kalender** 2 und **Notizen** 3 vorerst nicht nutzen, schieben Sie die eingeblendeten Schalter so, dass nur bei Mail ein **blaues I** 4 zu sehen ist. Bestätigen Sie mit Sichern.*

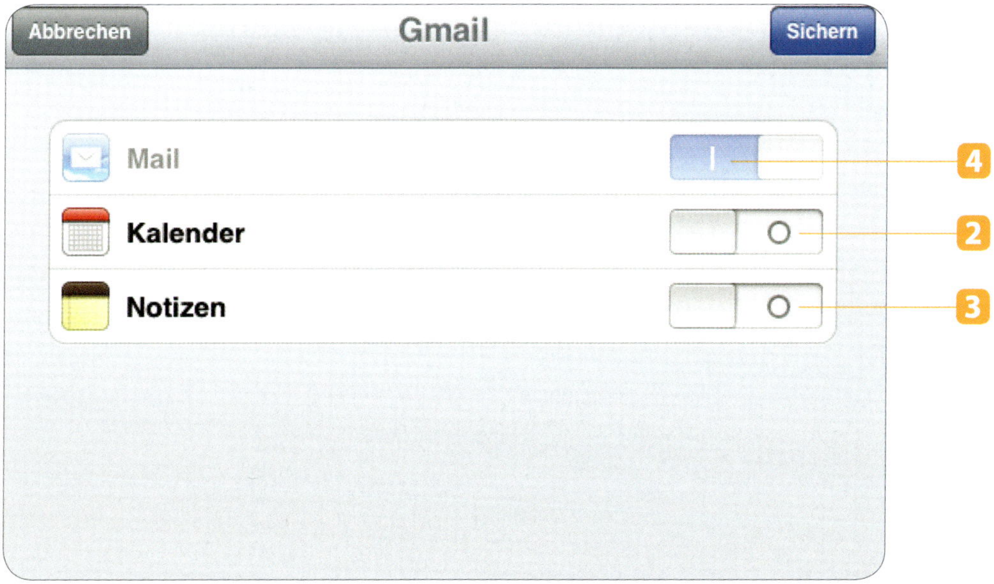

- *Ihr Gmail Briefkasten wird erstellt und Sie können nun Ihre ersten Mails empfangen und senden.*

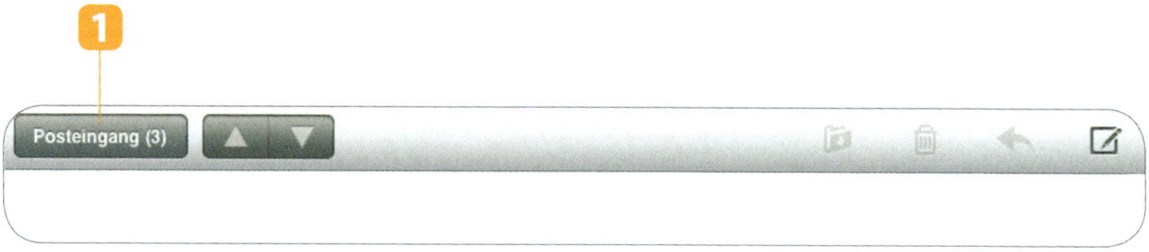

Wenn Sie auf ***Posteingang*** 1 tippen, sehen Sie, dass Sie von Ihrem Mail Anbieter Google sofort 3 Willkommensmails mit Hinweisen erhalten haben.

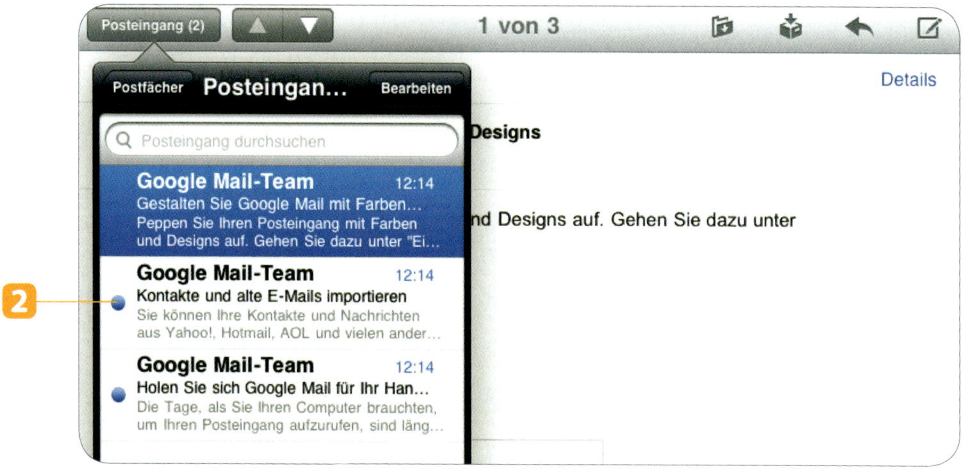

Diese sind mit einem ***blauen Punkt*** 2 markiert, der Ihnen anzeigt, dass eine Mail noch ungelesen ist. Sie können sich nun jede einzelne Mail durchlesen, indem Sie auf sie tippen. Der Inhalt der Mails ist unbedeutend für Sie als iPad Nutzer. Die in den Mails enthaltenen Informationen gelten lediglich dem Nutzer, der seine Mails direkt über das Internet abruft. Auf den Unterschied der beiden Abrufmöglichkeiten werde ich im Kapitel ***Safari*** nochmal eingehen. Es ist also nicht schlimm, wenn Sie hier noch nicht folgen können.

Widmen wir uns nun den Möglichkeiten, die ein Mailkonto bietet. Sie haben Ihr Postfach auf dem iPad erfolgreich eingerichtet und haben jetzt Ihre persönliche Adresse im Internet: Ihre Mailadresse.

HINWEIS:
Eine Mail ist immer nach dem gleichen Pinzip aufgebaut.
max.mustermann@beispiel.de

Zuerst kommt, sofern Sie sich kein Pseudonym zugelegt haben, Ihr Vor- und Nachname gefolgt von dem @ ***(gesprochen: ät)*** und einem Anbieternamen wie zum Beispiel ***Googlemail***. Das Ende bildet die Länderkennung. Für Deutschland ist diese ***.de***, für Frankreich wäre es ***.fr***. Mittlerweile hat man auch die Möglichkeit, neutrale Endungen wie ***.com*** oder ***.info*** zu ergattern. Dies ist nicht zuletzt abhängig von Ihrem Mailanbieter, bei dem Sie sich registrieren.

Sie sollten sich merken, dass Sie niemals eine Mail an eine Adresse senden können, ohne dass diese ein ***@beispiel.de*** enthält. Dies ist meiner Oma einige Male passiert. Sie hat dann einfach den normalen Vor- und Zunamen in die Empfängerzeile geschrieben und gehofft, dass dies ausreichend ist. Zur eindeutigen Identifikation Ihres digitalen Empfängers muss das ***@beispiel.de*** Teil der Adresse sein. Auch wenn Sie das ***@beispiel.de*** am Anfang das ein oder andere Mal vergessen sollten, ist das absolut kein Problem. Es kann nichts schief gehen. Das iPad ist zum Ausprobieren konzipiert. Lediglich Ihr Empfänger wird Ihnen sagen, dass er keine Mail von Ihnen erhalten hat, wenn Sie Ihn danach fragen.

Kommen wir wieder zurück zu unserer ***Mail App***. Wir befinden uns auf einer Willkommensmail von Google. Gehen Sie über ***Posteingang*** 1 wieder auf den Startbildschirm Ihres Postfachs.

Sie bekommen folgende Elemente auf dem Bildschirm angezeigt:

Die obere ***Bearbeitungsleiste***, das Fenster der eingegangenen Mails und die vollständige Anzeige der aktiven Mail im Hintergrund.
Die ***Bearbeitungsleiste*** zeigt folgende Symbole an:

	SYMBOL	*FUNKTION*
	Posteingang	*Anzeige aller eingegangener Mails.*
2	***Pfeil rauf/ runter***	*Von einer Mail zur nächsten springen.*
3	***Nummernanzeige***	*Mail Nr. von Gesamtanzahl.*
4	***Verschieben***	*Mails können in einen anderen Ordner abgelegt werden.*

5	***geschwungener Pfeil***	*Antworten auf aktive Mail, weiterleiten einer aktiven Mail oder drucken einer aktiven Mail.*
6	***Neu Schreiben***	*Eine ganz neue Mail schreiben.*

Das Fenster der eingegangenen Mails listet alle von Ihnen empfangenen Mails nach Ankunftsdatum, die aktuellste Mail ganz oben. Die ***blau unterlegte Mail*** 7 ist aktiv und wird im Vorschaufenster dahinter angezeigt. Wenn Sie auf diese Mail tippen, verschwindet die Mailleiste und Sie sehen Ihre aktive Mail vollständig im Vorschaufenster.

Jede aufgeführte Mail in der Mailleiste ist mit bestimmten Informationen versehen. Welche Informationen angezeigt werden, ist abhängig von Ihren Mail-Einstellungen, auf die wir später noch zu sprechen kommen.

Im Normalfall werden der ***Absender*** 1 fett, die ***Sendeuhrzeit*** 2 blau, der ***Betreff*** 3 der Mail und die ***ersten Worte Text*** 4 in der Vorschau angezeigt. Der blaue Punkt signalisiert, welche Mails noch ungelesen sind. Die unterste Zeile des ***Mailleiste*** gibt Ihnen Informationen über die ***Uhrzeit*** 5, an der Ihr Postfach zuletzt aktualisiert worden ist. Mit einem Tippen auf den ***Pfeil*** 6 können Sie selbst die Mailabholung auslösen. In welchem Intervall Ihr Postfach Mails aus dem Internet abruft, kann ebenfalls genau von Ihnen festgelegt werden. Lassen Sie uns, bevor ich Ihnen die Einstellungsmöglichkeiten von Mail im Detail vorstelle, erst die restlichen Funktionen in Mail kennenlernen. Mit diesen werden Sie gleich die ersten Mails an Ihre Freunde und Familie senden können.

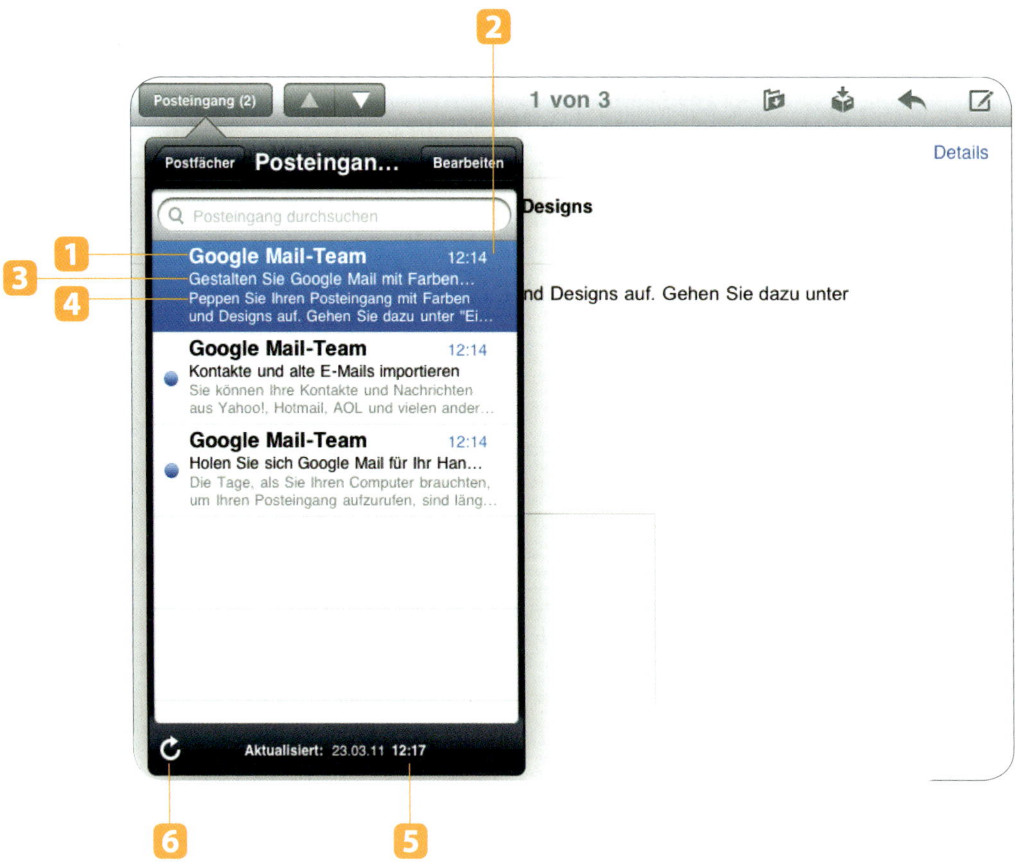

- *Tippen Sie auf* ***Neu Schreiben*** 7 .

Ein neues Fenster mit dem Titel ***Neue E-Mail*** 8 öffnet sich. In die ***An:*** 9, oder auch Empfängerzeile genannt, können Sie nun gerne unsere Verlagsadresse ***mail@schnellzumziel.com*** eingeben und uns gleich Ihre Freude über die erste versendete Mail über das iPad mitteilen. Wenn Sie doch lieber zuerst an Freunde schreiben wollen, bringen Sie deren Mailadresse in Erfahrung und geben Sie sie ein.

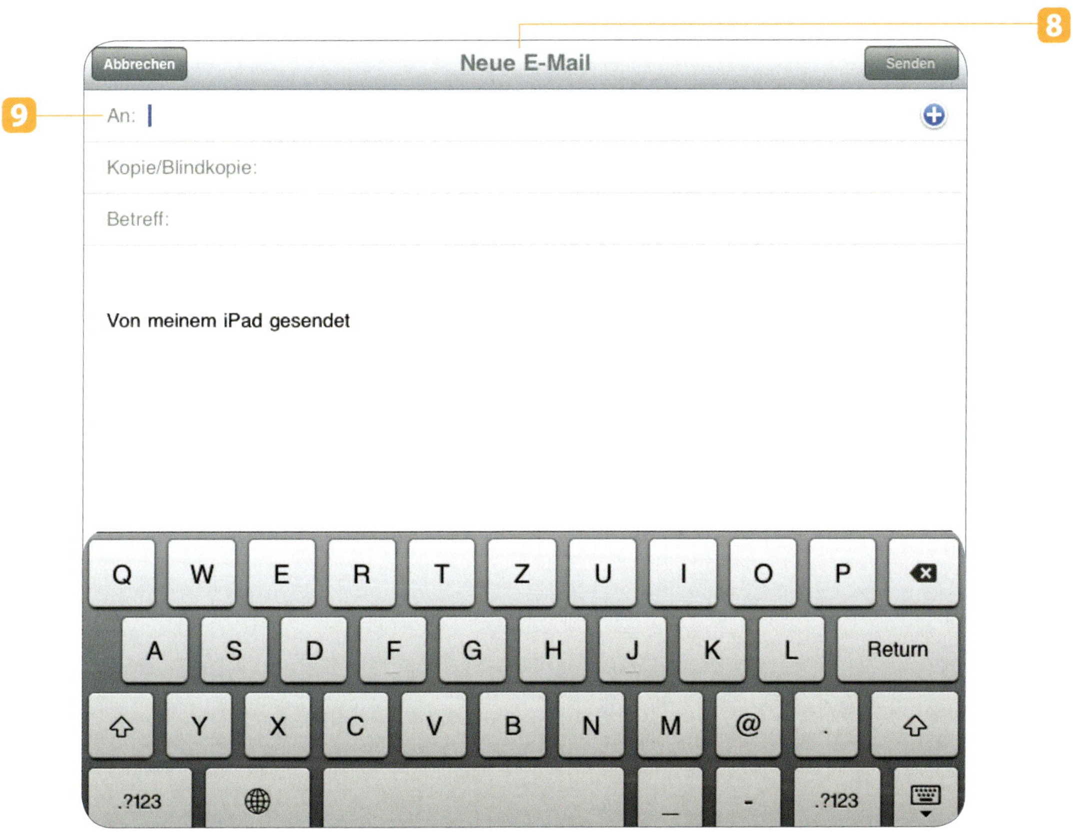

Wenn Sie die Mailadresse vorliegen haben, können Sie sie auch gleich folgendermassen für späteren Mailverkehr abspeichern. Dazu gehen Sie wie folgt vor:

- *Drücken Sie den **Home-Button**.*
- *Tippen Sie auf die **Kontakte App**.*
- *Tippen Sie auf das Symbol „+“ 1.*

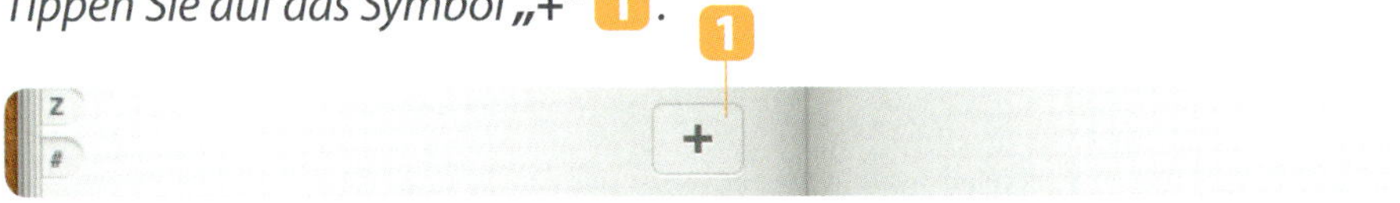

- *Füllen Sie die aufgehende Adressbuchseite mit den Ihnen vorliegenden Kontaktdaten. Geben Sie unter **Privat** 2 die Mailadresse ein. Um in das Formular zu kommen, tippen Sie auf das gewünschte Feld.*

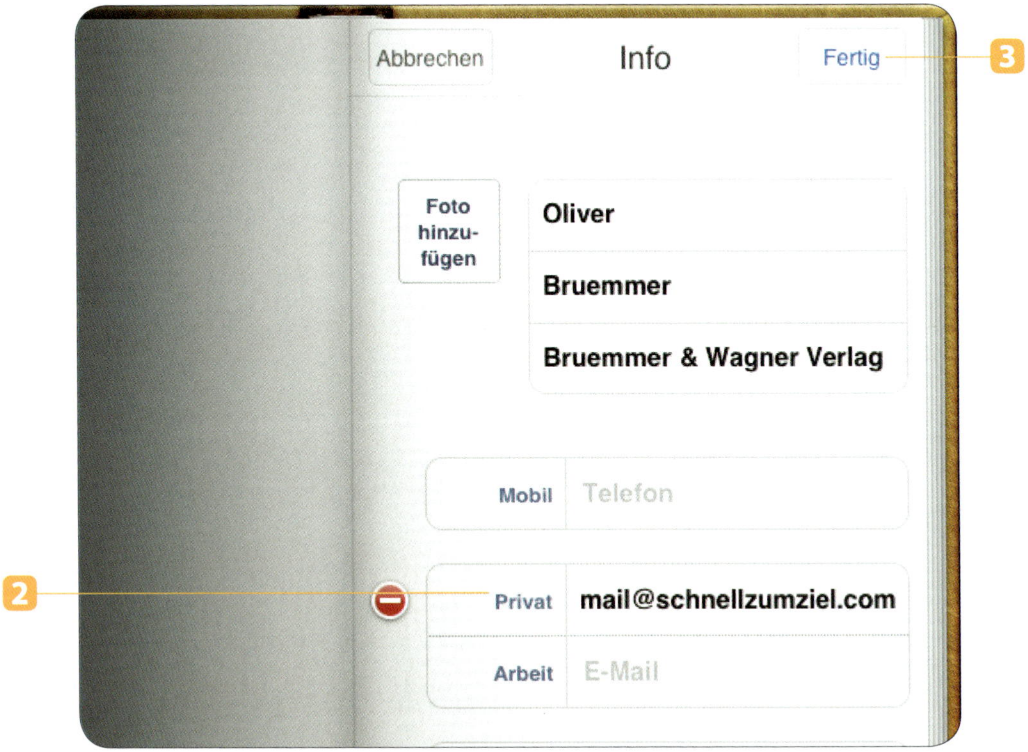

- *Tippen Sie auf **Fertig** 3, um den Eintrag zu bestätigen.*
- *Die vollständige Adressbuchseite wird Ihnen nun angezeigt:*

Um diese Adresse nun in Mail verwenden zu können, gehen Sie über den ***Home-Button*** wieder zurück zu Mail. Sie finden Mail so vor, wie Sie es verlassen haben. Dies trifft generell auf alle Apps zu, die Sie verlassen. Sie verbleiben im aktuellen Zustand.

- *Tippen Sie nun auf das **blaue Plussymbol** 4.*

Eine Liste mit den abgespeicherten Kontakten öffnet sich.

Wenn Sie nun auf den abgespeicherten Namen tippen, wird dieser blau unterlegt in die Empfängerzeile eingefügt. Um ihn wieder zu löschen, müssen Sie zweimal die Zurücktaste der Tastatur tippen. Wenn der Empfänger richtig eingefügt wurde, fahren Sie mit den nächsten Zeilen fort.

In der Zeile ***Kopie/Blindkopie*** 2 können Sie weitere Empfänger Ihrer Mail einfügen. Nehmen wir an, Sie wollen Ihre erste iPad Mail nicht nur an einen Freund, sondern gleich an zwei oder mehrere Freunde schicken, so können Sie die anderen Adressen in dieser zweiten Zeile eintragen. Der Unterschied zwischen ***Kopie*** und ***Blindkopie*** besteht in der Sichtbarkeit der Mailadressen für die Empfänger. Bei der Option ***Kopie*** bekommt jeder Empfänger alle Mailadressen angezeigt, bei der ***Blindkopie*** sehen die Empfänger nicht, wer die Mail noch erhalten hat. Wichtig ist, dass die ***An:-*** Zeile 1 mit einer Adresse gefüllt sein muss. In der ***Betreffzeile*** 3 geben Sie nun das allgemeine Thema der Mail ein.

Wenn Sie dies alles getan haben, können Sie sich dem Text Ihrer ersten Mail widmen. Tippen Sie hierzu in das große weiße Textfeld etwas oberhalb von ***„von meinem iPad gesendet“***. Diese sogenannte ***Signatur*** 4 wird standardmäßig in jeder von Ihnen verfassten Mail angezeigt, lässt sich aber auch über die Einstellungen in eine andere Signatur abändern oder ganz löschen.

Sobald Sie Ihren Text verfasst haben und Ihre Freude über die erste Mail zum Ausdruck gebracht haben, tippen Sie auf ***Senden*** 5.

Die Mail verschwindet nun vom Bildschirm, die letzte betrachtete Mail wird wieder im Vorschaufenster angezeigt. Den Versandvorgang können Sie in der oberen Statusleiste anhand der ***Rosette*** 6 nachvollziehen.

*Tippen Sie auf **Posteingang** 7, um wieder zu Ihren empfangenen Mails zurückzukehren.*

Sie können nun neu verfasste Mails schreiben. Zum Mailen gehört auch das Antworten und Weiterleiten von Mails, was ich Ihnen jetzt in Form eines Beispiels zeigen möchte.

Ich habe auf Ihre imaginäre oder tatsächliche Mail von gerade mit meinem iPad geantwortet und Ihnen sogar noch ein Bild mit der Antwort zugeschickt.

1

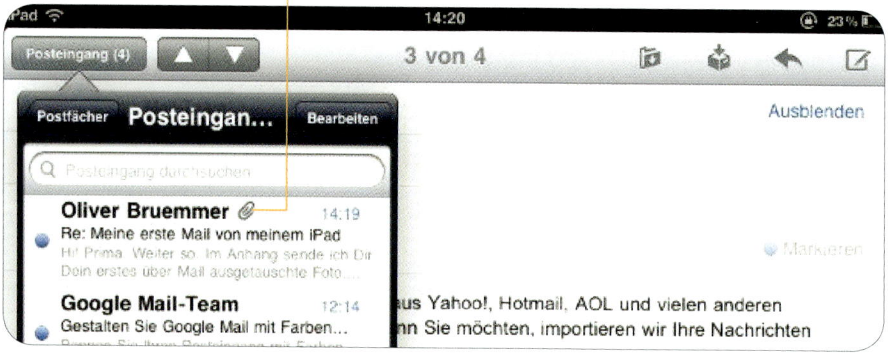

Nach der Synchronisation Ihres Postfaches würden Sie nun also meine Antwort an oberster Stelle finden, wie immer mit einem ***blauen Punkt*** für ungelesen versehen.

HINWEIS:
Sobald Sie eine neue Mail erreicht, bekommen Sie außerdem sowohl ein Tonsignal als auch ein optisches Signal. Eine neue eingegangene Mail wird mit einem Rascheln als Tonsignal quittiert.

2

Auf Ihrem iPad Startbildschirm wird das Eingehen einer Mail mit einem ***roten Kreis*** 2 auf dem ***Mail App Symbol*** gekennzeichnet. Die Zahl im roten Kreis zeigt die Anzahl der eingegangenen Mails an.

Eine Besonderheit meiner Antwort ist, dass sie einen ***Anhang*** enthält. Dieser wird in der Mailleiste mit einer winzigen ***Büroklammer*** 1 angekündigt. Wenn sie also eine ***Büroklammer*** sehen, wissen Sie automatisch, dass die empfangene Mail mehr als nur Text enthält. An eine Mail lassen sich nicht nur Bilder, sondern auch Dokumente, Videos und Musik anhängen. Allerdings sollten Sie auf die Größe des Anhangs Acht geben. Bei allen Mailanbietern gibt es eine Größenbeschränkung für Anhänge. Alle erlaubten Formate für Anhänge finden Sie zum Nachschlagen in der folgenden Tabelle. Was genau die aufgeführten Dokumentendungen zu bedeuten haben, braucht Sie vorerst nicht zu beschäftigen.

DOKUMENTENENDUNG	*PROGRAMM*
.doc	*Microsoft Word*
.docx	*Microsoft Word (XML)*
.htm	*Webseite*
.html	*Webseite*
.ics	*Kalenderobjekt*
.key	*Keynote*
.numbers	*Numbers*
.pages	*Pages*
.pdf	*Vorschau, Adobe Acrobat*
.pptx	*Microsoft Power Point*
.txt	*Text*
.xls	*Microsoft Excel*
.xlsx	*Microsoft Excel (XML)*

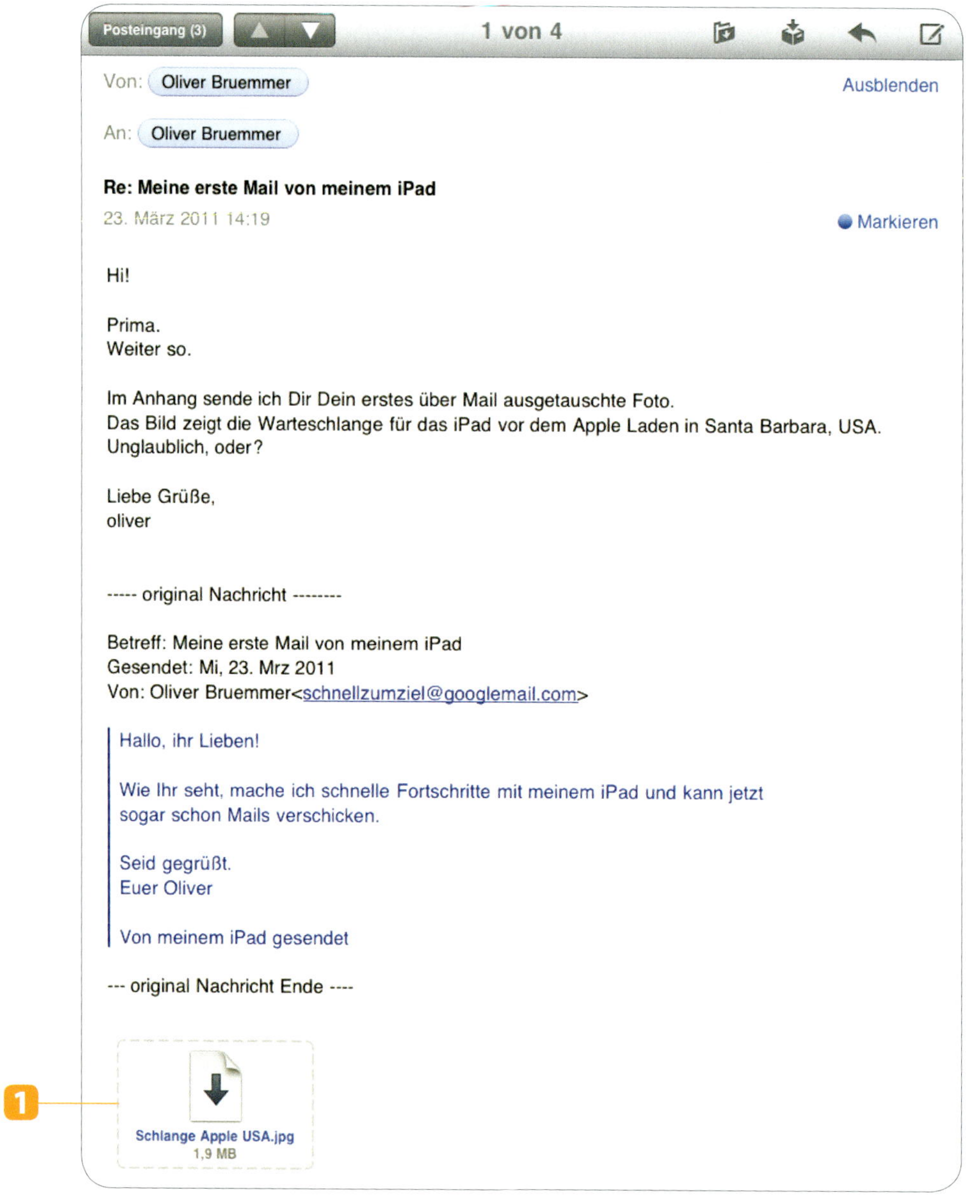

Beim Blick auf meine Antwort fällt das ***umstrichelte Symbol*** 1 am Ende der Mail auf. Das ist das angehängte Foto, das sich durch einfaches Tippen direkt in der Mail öffnet. Sie sehen, dass Anhänge zu öffnen nicht schwer ist. Da gestaltet sich das eigene Anhängen von

Bildern etwas schwerer. Aber kommen wir zuerst zu den Funktionen Antworten und Weiterleiten.

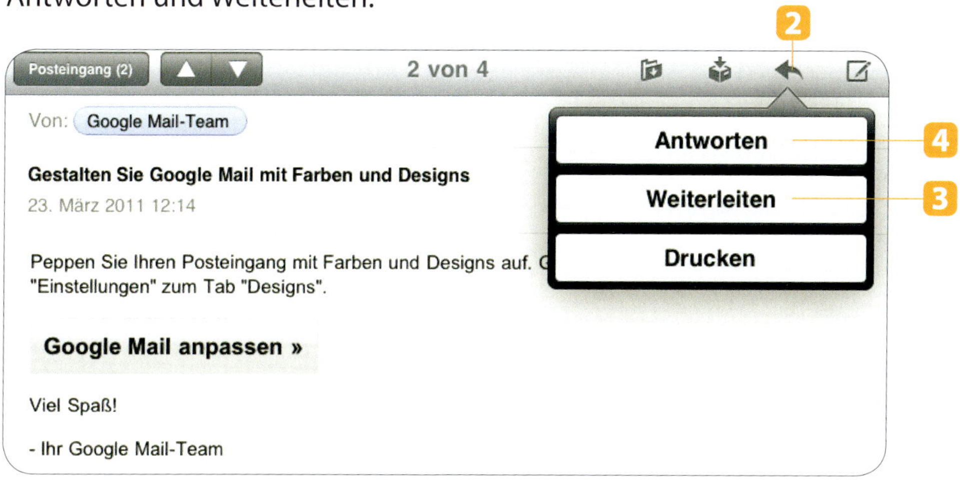

Dazu bemühen wir eine der Willkommenmails von Google. Sie erinnern sich. Gehen Sie zurück in Ihren Posteingang und tippen Sie auf eine Mail vom Google-Mail Team. Gehen Sie nun in der Bearbeitungsleiste auf den ***geschwungenen Pfeil*** 2 und tippen Sie auf ***Weiterleiten*** 3. Die Option ***Antworten*** 4 wäre auch möglich, ist aber in diesem Fall wenig sinnvoll. Würden wir Antworten auswählen, bekäme das Google-Mail Team von einigen neuen iPad-Nutzern eine Mail. Deshalb ist es besser, Sie tippen Weiterleiten und geben eine neue Adresse in die ***An: Zeile***. Das Wichtigste bei den beiden Optionen ***Antworten*** und ***Weiterleiten*** ist, dass Sie bei beiden die Ursprungsmail in Ihrer Mail behalten und sich darauf beziehen können. Wählen Sie Antworten, wird für Sie eine Mail an den ursprünglichen Absender vorbereitet, und Sie brauchen die Mailadresse nicht mehr gesondert einzutragen.

Wenn Sie ***Weiterleiten*** *wählen,* dürfen Sie selbst entscheiden, an wen Sie die Mail weiterleiten wollen. Bevor Sie die Mail an jemanden weiterleiten, können Sie sie durch Ihren Text ergänzen. Diesen geben Sie genauso wie beim Schreiben einer ganz neuen Mail ein. Dann geben Sie noch einen ***Empfänger*** 1 ein oder fügen Ihn über das ***Pluszeichen*** 2 hinzu und ***Senden*** 3.

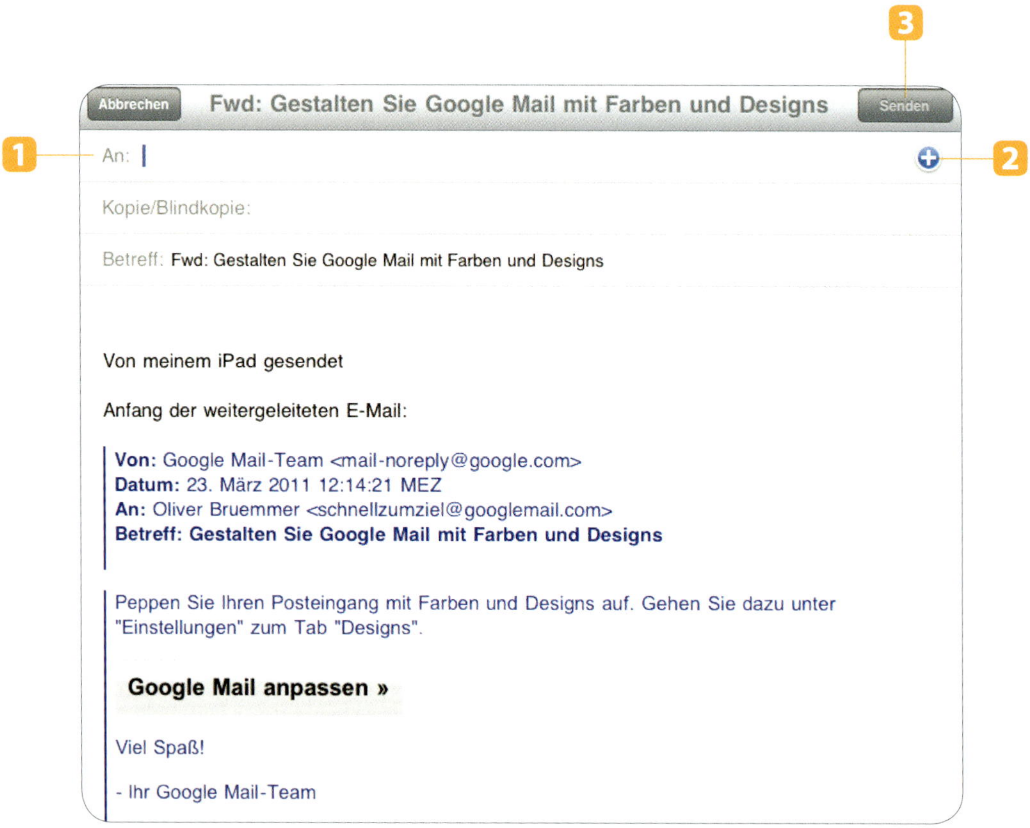

Sie wissen jetzt, wie man auf eingegangene Mails direkt antwortet und wie man Sie an Dritte weiterleitet. Wie senden Sie nun Mails mit Anhang? Zum Beispiel mit Bildern, die Sie mit Ihrer iPad Kamera geschossen haben.

Gehen Sie wie folgt vor:

- *Verlassen Sie die Mail App, indem Sie die **Home-Taste** drücken.*
- *Öffnen Sie die **Fotos App** direkt neben der **Mail App**.*
- *Tippen Sie auf ein Bild, um es groß anzuzeigen.*

- *Tippen Sie in der **Bearbeitungsleiste** auf den **Pfeil** 4.*
- *Wählen Sie **Per E-Mail senden** 5.*

- *Das iPad wechselt in die **Mail App** und öffnet eine neue Mail, in die Ihr Bild direkt eingefügt wird.*

- *Gehen Sie nun wie bei einer regulären Mail ohne Anhang vor.*
- *Ergänzen Sie die **Empfängeradresse** 1.*

- *Geben Sie einen* ***Betreff*** *2 ein.*
- *Starten Sie die Texteingabe, indem Sie auf den weißen Platz direkt über dem eingefügten Bild tippen 3.*
- *Überprüfen Sie die Mail, indem Sie mit dem Finger nach oben oder nach unten wischen.*
- *Tippen Sie auf* ***Senden****.*

EINSTELLUNGEN VON MAIL

Die vorher schon angesprochenen Einstellungen der ***Mail App*** finden Sie wie üblich über den Home-Button.

- *Versichern Sie sich, dass Sie auf dem* ***Startbildschirm*** *Ihres iPad sind.*

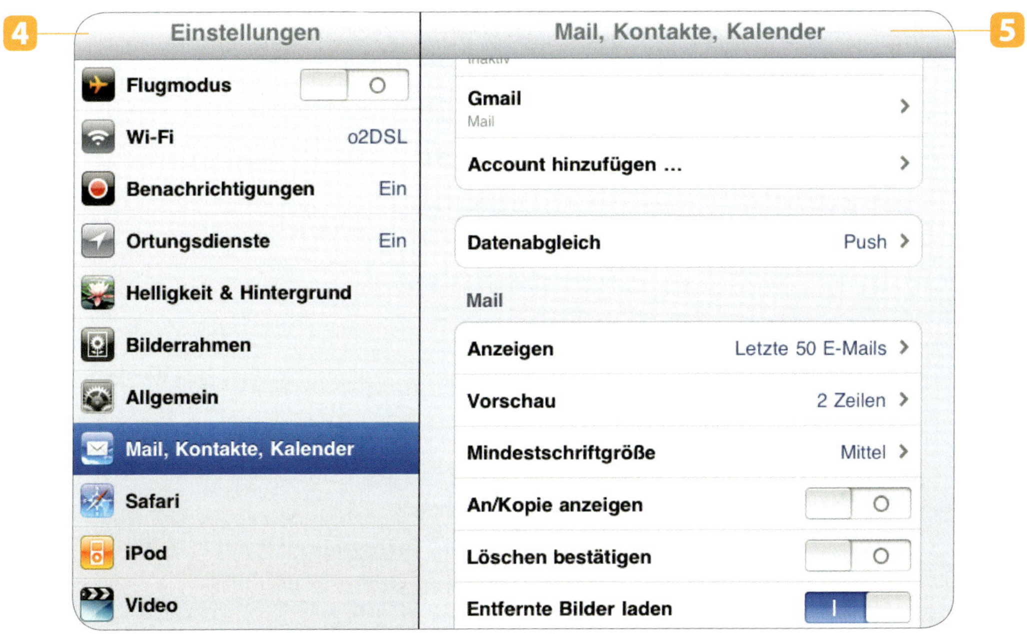

- *Tippen Sie auf* ***Einstellungen*** *4.*
- *Rufen Sie* ***Mail, Kontakte, Kalender*** *5 auf.*

In der rechten Bildschirmspalte werden Ihnen alle Optionen, die das iPad für die Mail App zur Verfügung stellt, aufgelistet. Ich möchte mit Ihnen nur die wichtigsten Einstellungen durchgehen. Diese sind unter Mail zu finden. Hier können Sie ohne Sorge verschiedene Einstellungen einfach ausprobieren.

NAME	*AKTIVIERTE FUNKTION*
Anzeigen	*Legt die Anzahl der angezeigten Mails fest.*
Vorschau	*Legt fest, wie viele Zeilen Sie im Posteingangsfenster als Vorschau zu einer Mail sehen.*
Mindestschriftgröße	*Größe der Schriftdarstellung.*
An/Kopie anzeigen	*An/Kopie Adressaten werden im Posteingangsfenster angezeigt.*
Löschen bestätigen	*Löschen einer Mail muss nochmal bestätigt werden, bevor die Mail endgültig gelöscht wird.*
Entfernte Bilder laden	*Bildanhänge werden direkt in einer Mail angezeigt. Ist diese Funktion deaktiviert, wird das Bild in Form eines Symbols am Ende der Mail angezeigt.*
Blindkopie an mich	*Sie bekommen jede Mail, die Sie versenden, auch nochmal selbst zugeschickt.*

Nach E-Mail-Verlauf	*Sie bekommen im Posteingangsfenster eine Zahl in grau angezeigt, die Ihnen anzeigt wie häufig Sie mit dieser Person schon Mails ausgetauscht haben.*
Signatur	*Ein vordefinierter Standardtext wird am Ende einer jeden Mail automatisch eingefügt. Dies bietet sich für Kontaktdaten und/oder eine Grußformel an.*

AUSRICHTUNG DES IPAD IN MAIL

Sie haben in vorangegangenen Kapiteln schon erfahren, dass Sie das iPad sowohl in Vertikalausrichtung als auch in Horizontalausrichtung verwenden können. Machen Sie den Test, was Ihnen besser liegt. Geschäftsleute schwören auf den Vertikaleinsatz, weil Sie hier schneller auf der Tastatur tippen können. Die Tastatur ist viel schmaler. Wenn man das iPad in Vertikalausrichtung mit beiden Händen ganz unten fasst, kann man sehr entspannt mit den beiden Daumen Text tippen. Die Horizontalausrichtung ist sicherlich von Vorteil, wenn Sie das iPad auf dem Tisch liegend oder mit Zubehör wie dem SmartCover Aufsteller bedienen wollen.

MAILS ALS ENTWÜRFE SPEICHERN

Wenn Sie einmal eine Mail nicht zu Ende bringen können, machen Sie von der Möglichkeit Gebrauch, Ihre unvollendete Nachricht als Entwurf zu speichern. Normalerweise können Sie die Mail auch einfach so auf Ihrem Bildschirm belassen und dort nach kurzer Abwesenheit wieder weiterschreiben. Das Speichern als Entwurf ist jedoch die sichere Lösung.

Tippen Sie hierzu, bevor Sie Ihren iPad verlassen, auf ***Abbrechen*** 1. Bevor das Fenster geschlossen wird, können Sie sich zwischen ***Entwurf löschen*** 2 und ***Entwurf speichern*** 3 entscheiden.

Die Arbeit an Ihrem Entwurf nehmen Sie nun folgendermaßen wieder auf:

- *Tippen Sie auf **Postfächer** 4.*

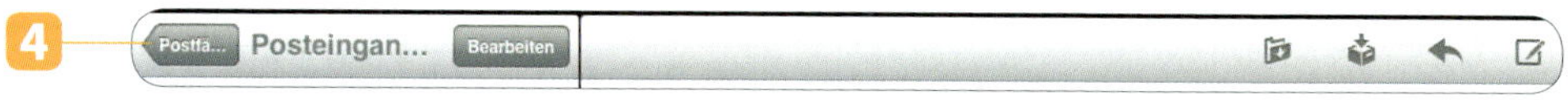

- *Tippen Sie auf **Entwürfe** 5.*

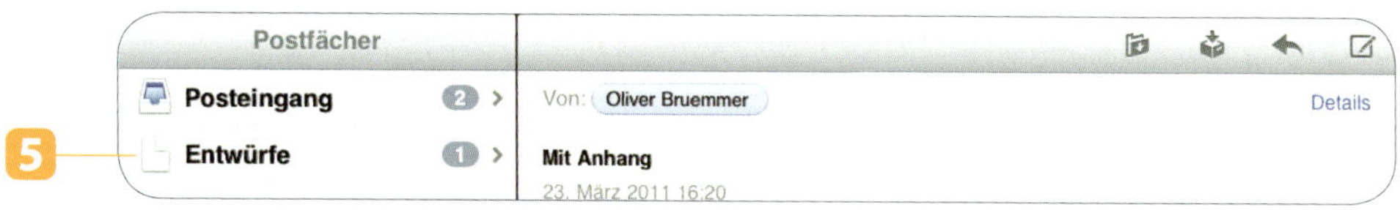

- *Tippen Sie auf die gewünschte Mail und tippen Sie genau dort in die Mail, wo Sie weiterschreiben möchten. Sollten Sie Ihren Entwurf sofort löschen*

wollen, tippen Sie auf ***Abbrechen*** *6 und dann auf das* ***Papierkorb*** *7 Symbol.*

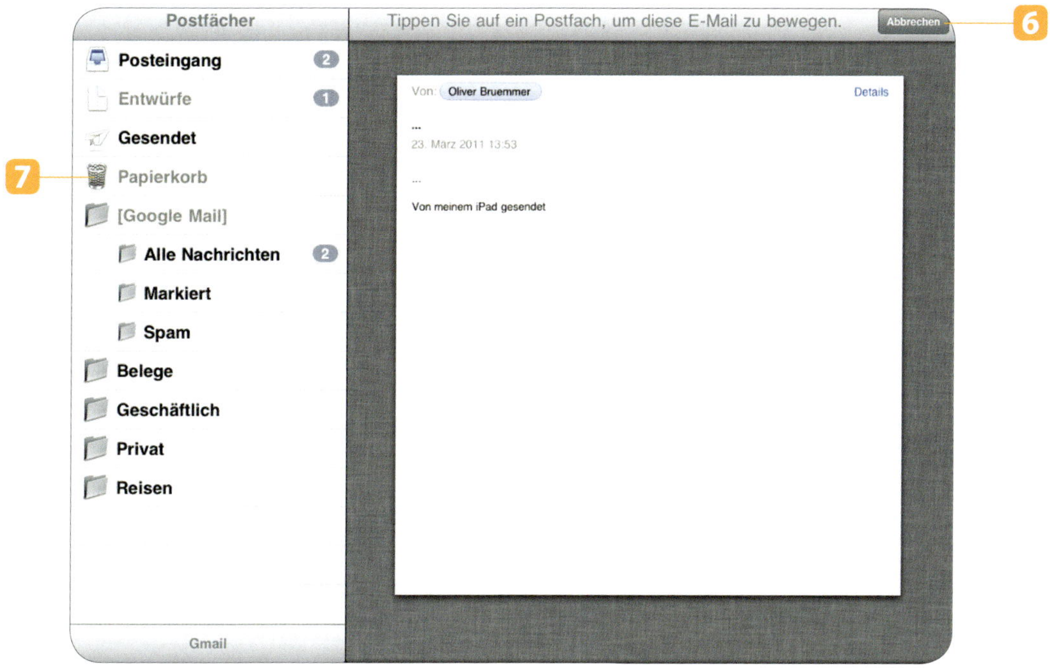

DIE POSTFACHÜBERSICHT

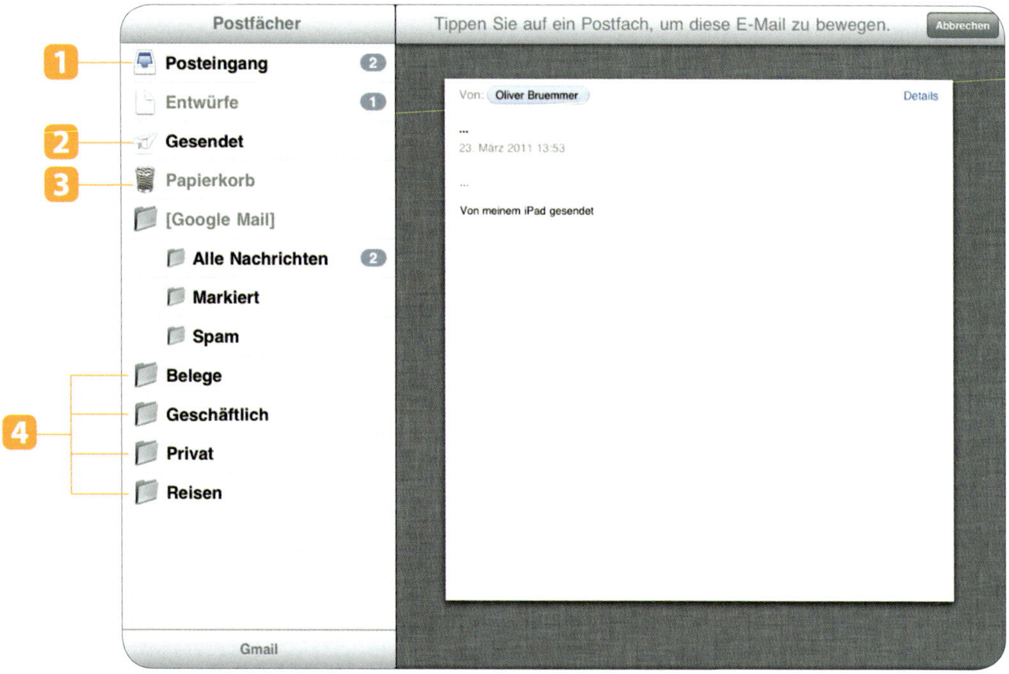

Alle Ordner, die Sie hier sehen, werden automatisch für Sie angelegt. Bei Abruf werden Ihre empfangenen Mails direkt im Ordner ***Posteingang*** 1 abgespeichert. Mails, die Sie schon verschickt haben, können Sie über den Ordner ***Gesendet*** 2 erreichen. Auch gelöschte Mails sind nicht sofort vom Erdboden verschwunden, sondern werden bis zum endgültigen Löschvorgang im Ordner ***Papierkorb*** 3 gelagert. Alle anderen angezeigten Ordner sind abhängig von der Wahl Ihres Mailanbieters. Unser Beispielanbieter Google legt automatisch weitere Ordner für ***Belege, Geschäftlich, Privat und Reisen*** 4 an. Ob Sie diese Ordner für Ihre Ablage verwenden wollen, ist Ihnen freigestellt.

Neue Ordner lassen sich leider nur im Internetportal Ihres Anbieters direkt einrichten.

MAILS IN ORDNUNG HALTEN

Es steht Ihnen frei, ob Sie die vorgeschlagene Ordnerstruktur verwenden oder ob Sie Ihre Mails im Posteingang ungeordnet belassen und dann über die Suchfunktion nach vergangenen Mails recherchieren.

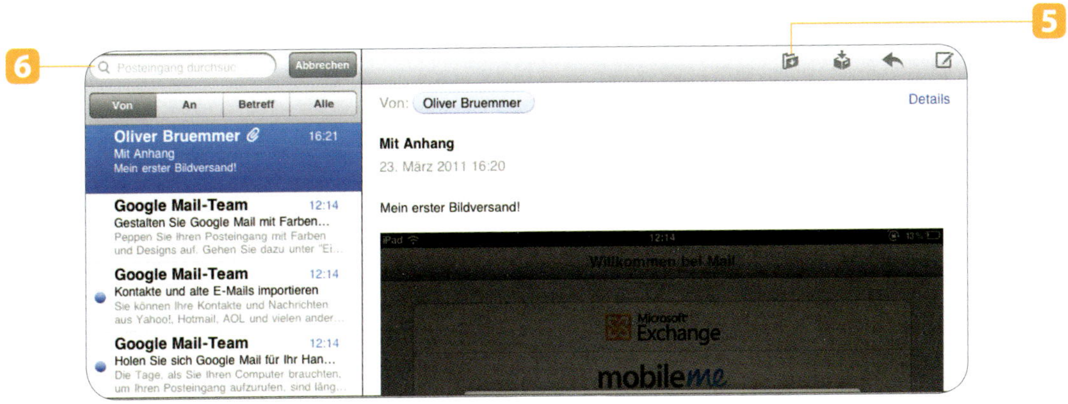

Mails archivieren funktioniert über das ***Ordnersymbol*** in der ***Bearbeitungsleiste***.

- *Tippen Sie auf das **Ordnersymbol** 5. Ihre zu archivierende Mail wird grau unterlegt.*
- *Tippen Sie nun einfach den Ordner an, in dem die Mail abgelegt werden soll.*

Die Alternative ***Posteingang durchsuchen*** funktioniert, indem Sie auf das Feld ***Posteingang durchsuchen*** 6 tippen und dann nach dem ***Absender***, dem ***Empfänger,*** dem ***Betreff*** oder in allen Kategorien suchen.

> ***TIPP:***
> Wenn fälschlicherweise an einer Stelle die Bildschirmtastatur aufgerufen wird, tippen Sie auf irgendeine Stelle des restlichen Bildschirms und sie verschwindet wieder.

Youtube

Youtube

Die Videosammlung Youtube verstehen

YouTube *(engl.: Dein Sender)* ist eine Webseite im Internet, auf der jeder Internetnutzer seine in Eigenregie erstellten Videos zur Schau stellen kann. YouTube hat in den letzten Jahren für viel Furore in den klassischen Medien gesorgt, weil es durch die Plattform auf einmal für jeden Kleinkünstler möglich geworden ist, sich einem breiteren Publikum zu präsentieren.

Allerdings nutzen nicht nur Privatpersonen YouTube. Auch TV-Sender lassen Kampagnen über YouTube stattfinden. Das ***ZDF-Sportstudio*** bittet seine Zuschauer zum Beispiel, sich für das traditionelle Torwandschießen gegen eine Sportberühmtheit über Youtube zu bewerben. Genauso wirbt die Fernsehsendung ***Wetten, dass..?*** auf YouTube um die Zusendung von spannenden Wettvorschlägen. Viele Sender nutzen YouTube nicht nur für Werbekampagnen, sondern stellen ganze Sendungen auf der Seite zur Verfügung. Ganz zu schweigen von den tausenden Fernsehzuschauern, die Sendungen aufzeichnen und diese dann anschließend in Teilen oder komplett auf YouTube hochladen. Darüber hinaus ist YouTube eine beliebte Anlaufstelle für Musikliebhaber. Obwohl die Tonqualität der Videos sehr häufig zu wünschen übrig lässt, sind auf YouTube quasi alle Songs verfügbar, die man sich als Musikenthusiast wünschen kann. Probieren wir es aus:

- *Starten Sie YouTube über den Startbildschirm.*
- *Sie bekommen zunächst ein leeres Fenster mit einer Suchleiste und einer schwarzen unteren Leiste angezeigt.*

Die schwarze untere Leiste beherbergt insgesamt 7 Symbole, von denen für Sie erstmal nur ***Highlights*** 1, ***Bestwertung*** 2 und ***Topvideos*** 3 von Bedeutung sind.

Unter ***Highlights*** stellt die YouTube App Ihnen eine bunte Auswahl von Videos vor. Schade ist nur, dass die vorgestellten Werke meistens dem englischen Sprachraum entnommen sind und weniger aus Deutschland kommen. Wischen Sie nach unten, um den Rest der Seite angezeigt zu bekommen.

Beim Tippen auf ***Bestwertung*** werden Ihnen die Videos angezeigt, die von vielen YouTube-Nutzern als besonders sehenswert eingestuft worden sind. Eine Bewertung der Videos können Sie vornehmen, wenn Sie bei YouTube mit einem eigenen Kundenkonto registriert sind. Wollen Sie ein Video aufrufen, tippen Sie auf das Vorschaufenster, und es sollte sich sofort ein neues Fenster mit dem Video öffnen. In diesem neuen Fenster ist vor allem der obere Teil für Sie von Interesse. Hier wird das Video abgespielt. Der untere Teil zeigt Zusatzinformationen.

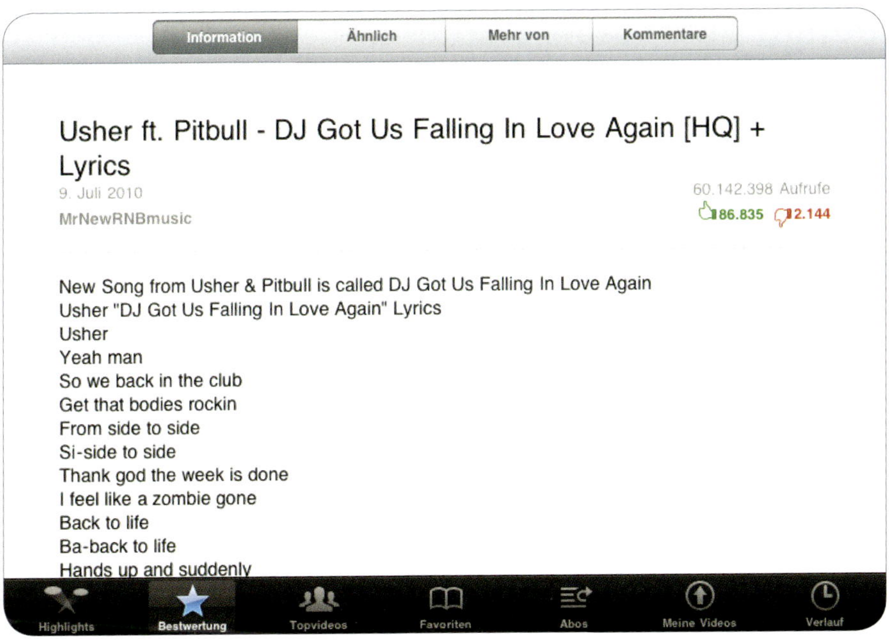

Um ein Video zu starten, tippen Sie auf das ***linke Dreieck*** 1 . Durch tippen auf die 2 Balken die dem Dreieck folgen, halten Sie es an. Das Video kann vorgespult werden, indem Sie den ***Punkt*** 2 an die gewünschte Stelle ziehen. Dafür würde empfehle ich Ihnen allerdings die große Videodarstellung zu der ich gleich noch komme.

1

2

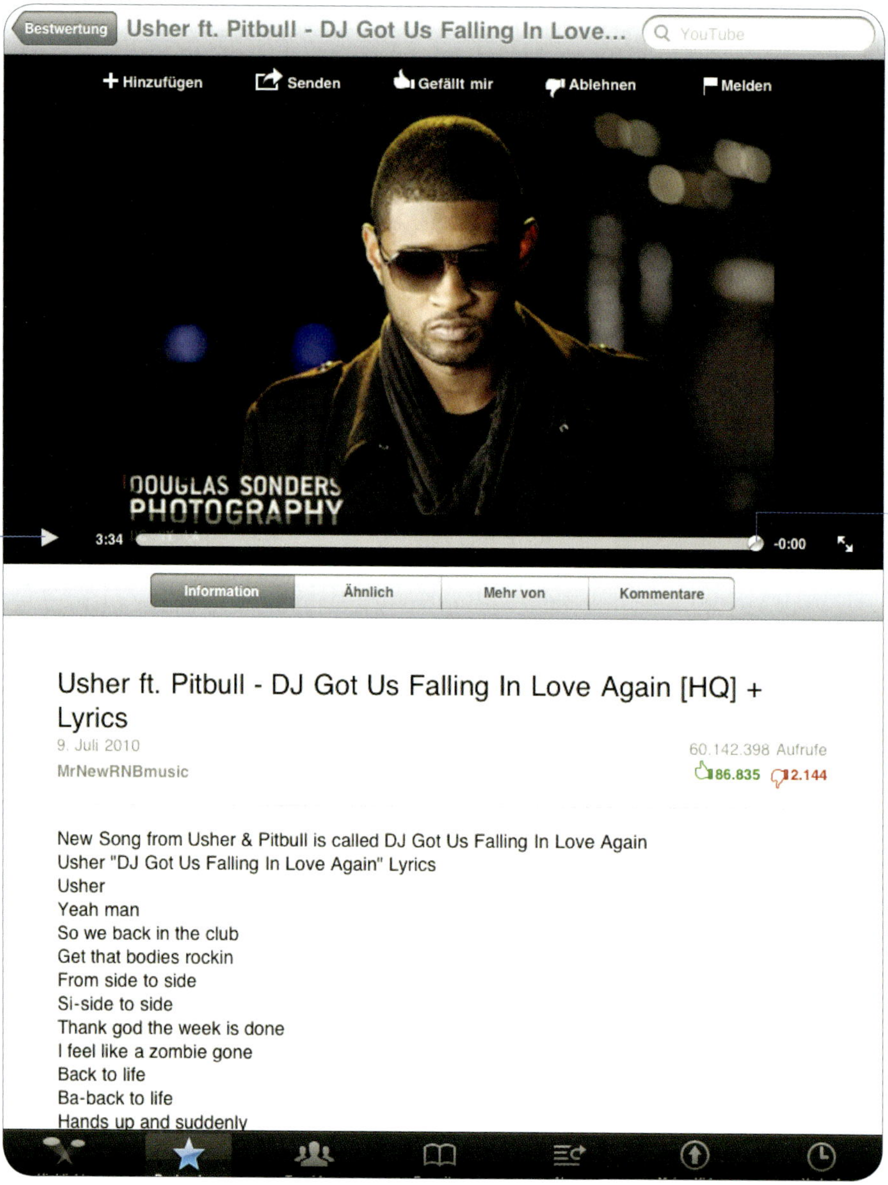

Um nun den Inhalt nicht nur sehen, sondern auch hören zu können, haben Sie 2 Möglichkeiten:

- *Stellen Sie sicher, dass der **Lautstärkeregler** 3 auf der rechten Bildschirmseite laut genug eingestellt ist. Nun sollte der Ton über die im iPad eingebauten Lautsprecher abgespielt werden.*

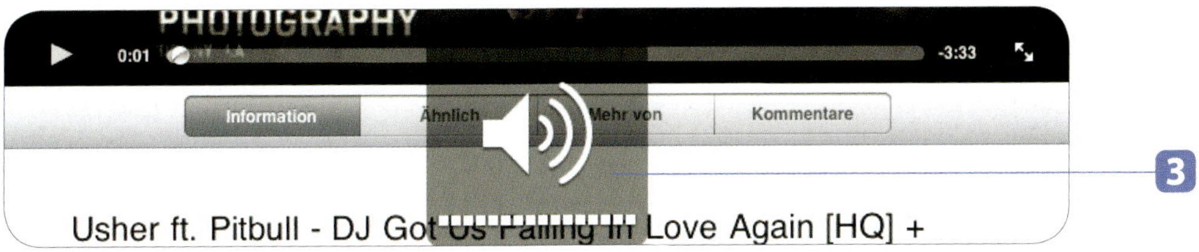

- *Sind Sie im Besitz von **Kopfhörern** und wollen den Ton über diese abspielen, so schließen Sie diese an bevor Sie die Lautstärke über den Lautstärkeregler überprüfen.*

Möchten Sie das Video über den gesamten Bildschirm entweder in der Horizontal- oder Vertikalausrichtung, dann tippen Sie auf die ***Pfeile*** 4 am rechten Bildschirmrand. Um wieder zur normalen Anzeige zurückzugelangen, betätigen Sie wieder die Pfeile.

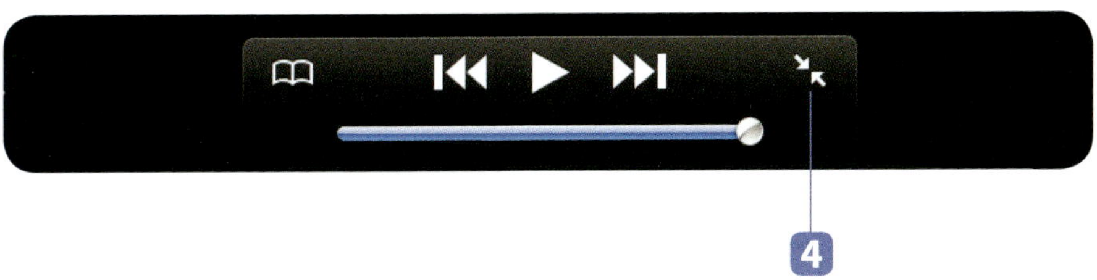

HINWEIS:
Werden Ihnen die Symbole zeitweise nicht angezeigt, tippen Sie einfach kurz auf das Video, um Sie wieder sichtbar zu machen.

Wenn Ihnen ein Video so gut gefällt, dass Sie es zum späteren Betrachten speichern wollen, gehen Sie auf ***Hinzufügen*** 1. Das Video per Mail verschicken können Sie über ***Senden*** 2. Es ist interessant zu wissen, dass beim Versand via Mail nicht das ganze Video verschickt wird, sondern lediglich eine sogenannte ***Verlinkung***.

HINWEIS

Eine Verlinkung (oder auch ***Link***) ist wie eine eindeutige Adresse im Internet, unter der dieses Video gespeichert ist und unter der jeder Nutzer dieses Video betrachten kann. Links zu verschicken ist im Vergleich zu ganzen Videos wesentlich einfacher und braucht weniger Speicherplatz. Ein Link zu der Webseite genügt, und Freunde und Bekannte können, ohne die ganze Webseite zugeschickt bekommen zu haben, auf die Seite zugreifen.

Nach diesem kleinen Exkurs zum Begriff des Links kommen wir zurück zu YouTube. Die Optionen ***Gefällt Mir*** 3, ***Ablehnen*** 4 und ***Melden*** 5 sind für Sie als noch nicht registrierten Benutzer nicht ausführbar.

TIPP:

Wenn Sie die Bildschirmausrichtung während des Betrachtens eines Videos ändern wollen, denken Sie sich am Besten Ihr iPad wäre ein Fächer. Wenn Sie es in der gewünschten Ausrichtung, vor- und zurückfächern, springt die Anzeige um.

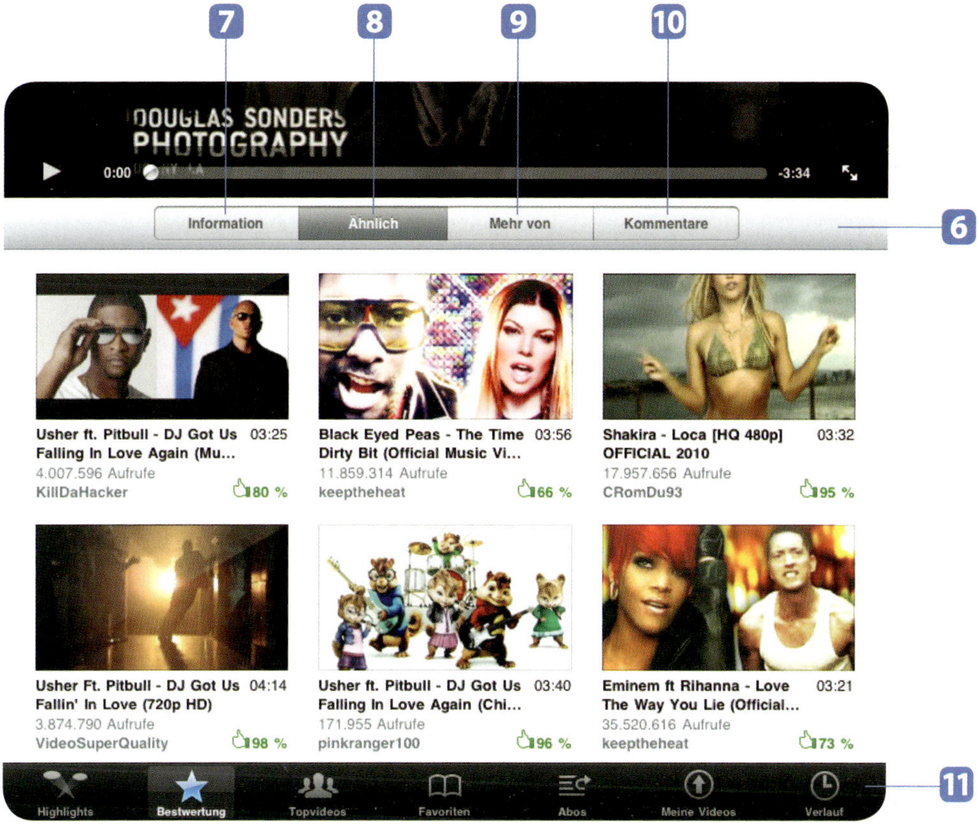

Der ***graue Balken*** 6 bietet Ihnen weitere Optionen zu dem aufgerufenen Video. Unter ***Informationen*** 7 gibt es Erklärungen dazu. ***Ähnlich*** 8 zeigt dem Nutzer thematisch verwandte Videos, ***Mehr von*** 9 listet nicht, wie anzunehmen wäre, mehr Videos vom gleichen Künstler auf, sondern mehr Videos vom YouTube Nutzer, der das Video zur Verfügung gestellt hat. Unter ***Kommentare*** 10 können Sie lebendige, aber meistens sehr banale Diskussionen verfolgen. Trotz der niedrigen Diskussionsqualität ist die Kommentarfunktion eine Möglichkeit sich mit Gleichgesinnten auszutauschen.

Sie haben nun die Basisfunktionen von YouTube in der ***schwarzen unteren Leiste*** 11 kennengelernt. Lassen Sie mich nun erklären, wie Sie YouTube am gezieltesten für Ihre Interessensgebiete einsetzen: Nehmen wir an, Sie schauen gerne die Talkshow von Markus Lanz und verpassen aber immer mal wieder eine Sendung.

Geben Sie in der ***Suchleiste*** 1 *Markus Lanz* ein und bestätigen Sie auf der Tastatur durch die Taste ***Suchen***. Sie bekommen nun eine Vielzahl von Aufzeichnungen angezeigt und können sich in aller Ruhe das ein oder andere Video anschauen.

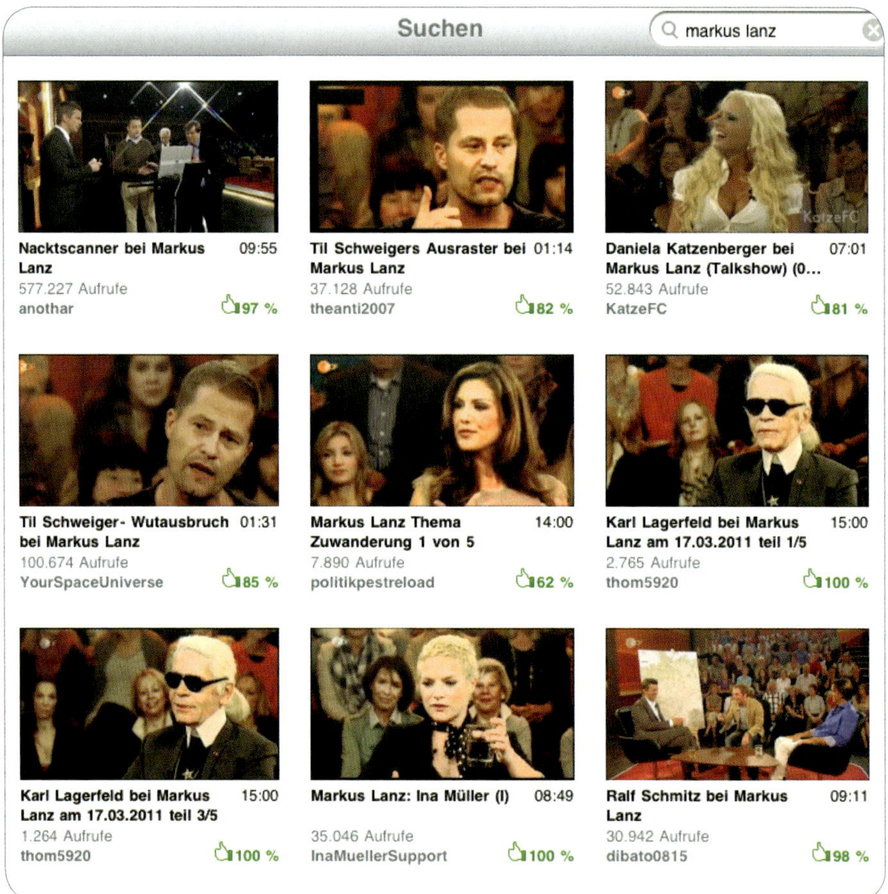

Drehen Sie für die Wiedergabe eines Videos Ihr iPad ruhig in die horizontale Position. Die meisten Videoformate sind dafür besser geeignet. Ihre Augen werden es Ihnen danken. Denken Sie daran, einmal kurz auf den Bildschirm zu tippen, wenn Sie die Videosteuerelemente nicht angezeigt bekommen. Über ***Fertig*** 2 gelangen Sie wieder zur Übersicht.

2

Safari

Safari

Das Internet erkunden

- *Amazon*
- *Facebook*
- *Die Zeit online*
- *Bruemmer & Wagner Verlag*

Safari ist neben Mail die wichtigste App für Sie, um mit dem iPad schnell den Umgang mit dem Internet zu lernen. Die folgende Einführung zu Safari bildet das umfangreichste Kapitel dieses Buches, gibt Ihnen aber auch das meiste Handwerkszeug für das Surfen im Internet an die Hand.

Safari ist ein sogenannter ***Browser***. ***Browser*** ist die Bezeichnung für ein Programm, das die Inhalte des Internet benutzerfreundlich darstellt und grafisch aufbereitet. Safari ist lediglich ein Eigenname für den von der Firma Apple hergestellten Browser. Wahrscheinlich sind Ihnen Namen wie Internet Explorer oder Firefox schon mal begegnet. Dies sind Browser von anderen Firmen, die hauptsächlich auf Schreibtischcomputern installiert sind.

Schauen wir uns Ihr Fenster zum Internet, den ***Safari-Browser***, näher an und tasten wir uns langsam an dessen Funktionsspektrum heran. Tippen Sie dazu das Safari Symbol auf Ihrem iPad Startbildschirm an.

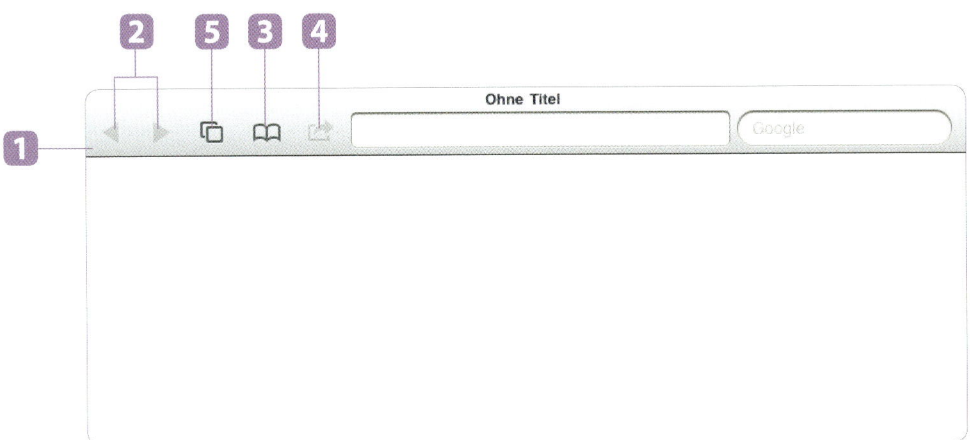

Die folgende Anzeige konfrontiert Sie normalerweise zunächst mit einem überraschend aufgeräumt weißen Bildschirm. Die ***Bearbeitungsleiste*** 1 ist eingeblendet. Der ***Vor- und Zurückpfeil*** 2 ist noch inaktiv, genauso wie das ***Lesezeichensymbol*** 3, mit dem Sie wie auch bei einem Buch, bestimmte Webseiten für den späteren Aufruf markieren können. Stärker hervorgehoben wird das ***Seitensymbol*** 5 und das Symbol für die ***Lesezeichenliste*** 4. Durch Tippen auf das Seitensymbol können Sie zwischen mehreren Webseiten hin- und herspringen und neue Webseiten aufrufen.

Das Symbol ***Lesezeichen*** bietet vier Optionen, mit denen Sie eine aktuelle Webseite speichern können.

OPTION	*FUNKTION*
Lesezeichen	*Direktes Speichern der Webseite in der Lesezeichenliste.*
Zum Home-Bildschirm	*Speichert die Webseite direkt auf dem Startbildschirm Ihres iPad ab.*
URL der Seite senden	*Öffnet Mail und fügt einen Link der momentanen Webseite in eine neue Mail. So können Sie problemlos guten Inhalt aus dem Internet mit Freunden teilen.*

OPTION	FUNKTION
Drucken	*Nur bei angeschlossenem Drucker verfügbar.*

Außerdem befinden sich in der ***Bearbeitungsleiste*** 1 noch die beiden Felder für die ***Adresse*** 2 der Webseite *(auch unter der engl. Abk. URL bekannt)* und ein vom iPad angebotenes Feld für die ***Internetsuche*** 3. Mit welcher Suchmaschine dieses Suchfeld arbeitet, lässt sich unter den Einstellungen von Safari festlegen. Die Standardeinstellung ruft die Suchmaschine Google auf.

TIPP:
Wenn Sie im Safari-Browser auf die ***Statusleiste*** 4 tippen, kommen Sie immer automatisch wieder an den Seitenanfang. Dies ist eine sehr nützliche Navigationserleichterung, die nicht jeder kennt und die vor allem bei langen Webseiten von Vorteil ist.

HINWEIS:

Das Internet kann man sich wie eine Bibliothek vorstellen. Die Webseiten bilden die Bücher. Das Gebäude bilden die ***Internetsuchmaschinen***, bei denen Sie nach dem passenden Inhalt für Ihr Vorhaben suchen können. Wie Bücher besitzen Webseiten einzelne Seiten, die im Gesamtbild eine Webseite abgeben. Die Suchgenauigkeit der Suchmaschinen geht manchmal so weit, dass man sogar nach einzelnen Worten auf den Unterseiten der Hauptwebseite suchen kann, ist also insgesamt um einiges komfortabler als die Suche in einer physischen Bibliothek.

Google 5 ist die am häufigsten benutzte Suchmaschine im Internet. Lassen Sie uns zusammen die Internetbibliothek erkunden:

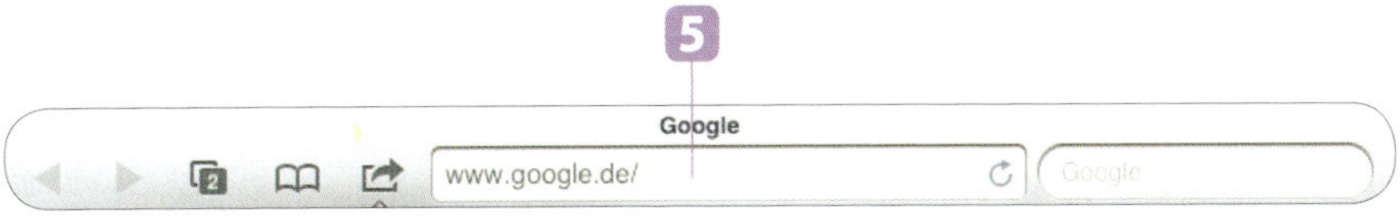

- *Tippen Sie in die Adressleiste und geben Sie **www.google.de** ein.*
- *Die Startseite der Suchmaschine **Google** wird angezeigt.*

- *Tippen Sie nun in das weiße Suchfeld in der Mitte des Fensters und geben Sie zum Beispiel* ***Der Spiegel*** *1 ein. Ob Sie* ***der Spiegel*** *groß oder klein schreiben, ist unbedeutend. Hauptsache, der Name ist richtig eingegeben.*

- *Bestätigen Sie Ihre Eingabe durch* ***Öffnen*** *2 auf der Tastatur.*
- *Sie werden nun auf eine neue Seite geleitet, die immer noch von Google zur Verfügung gestellt wird. Auf dieser bekommen Sie in der mittleren Leiste alle Suchergebnisse präsentiert, die Google zu* ***Der Spiegel*** *im Internet finden konnte. In diesem Fall sind das 10.900.000 3 Ergebnisse.*

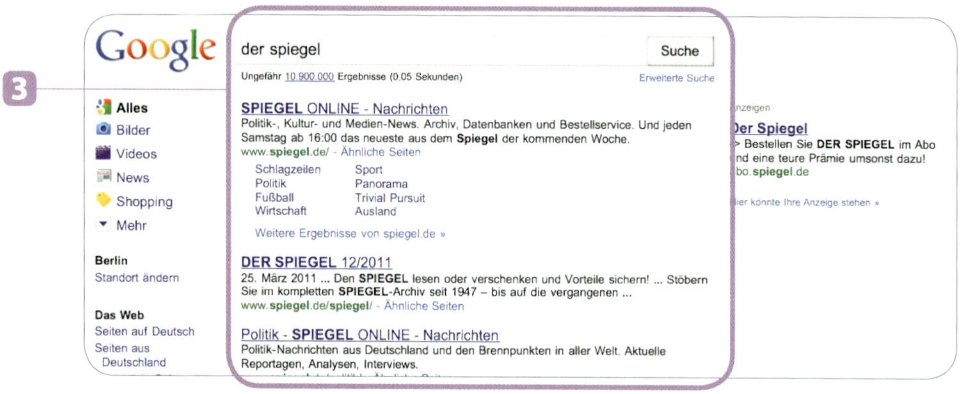

- *Vergrößern Sie über die Zwicken-Geste die Suchergebnisse.*

- *Alles, was Ihnen nun blau angezeigt wird, sind Links, auf die Sie tippen können. Diese finden Sie überall im Internet. Wenn Sie in einem kleinen Anzeigemodus sind, ist es oft sehr schwer den richtigen Link zu treffen. Vergrößern Sie daher die Anzeige, wann immer sich mehrere Links nahe beieinander befinden. So können Sie treffsicher Ihren Favoriten auswählen.*

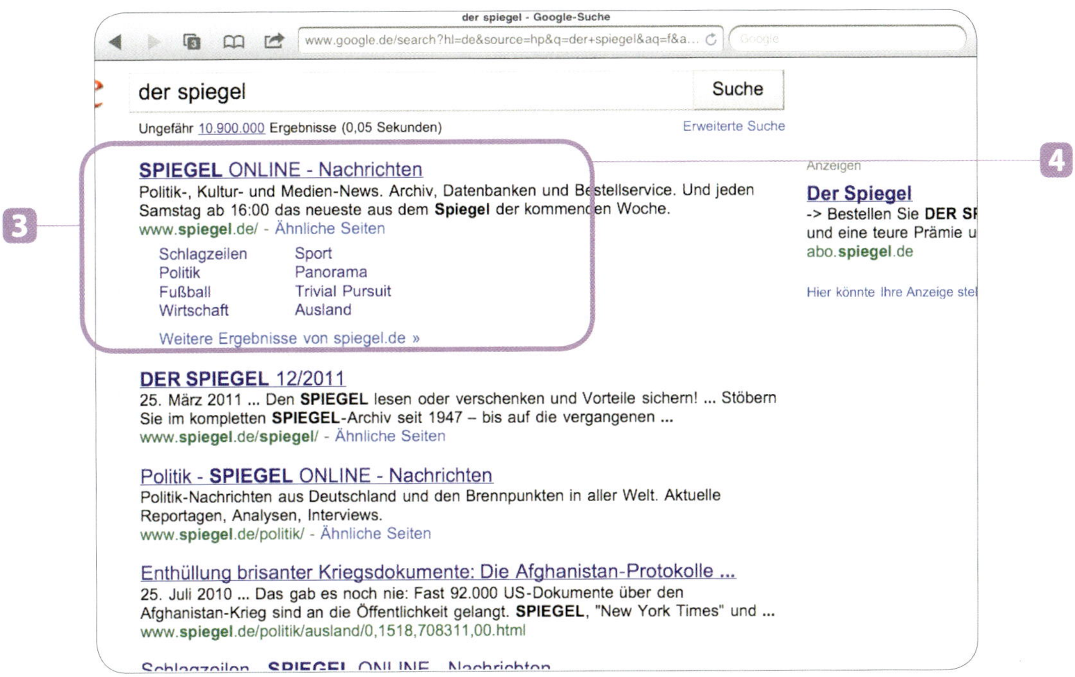

- *Sie haben nun also die Ergebnisse für die Suche nach **Der Spiegel** vor sich. Die Ergebnisse sind nach Relevanz vorsortiert. Überprüfen Sie nochmal, ob der oberste Link auch wirklich eine Verknüpfung zum Online Auftritt des Spiegels sein kann. In diesem Fall: Ja, er kann. Tippen Sie auf den **obersten blauen Link** 4.*

- *Sie wurden automatisch auf die Webseite des Spiegel weitergeleitet. Wischen Sie nach oben, um die unteren Artikel auch sichtbar zu machen.*

Wenn Sie gleich von der Übersichtsseite in eine bestimmte Rubrik springen wollen, vergrößern Sie am besten die ***Rubrikenleiste*** *und wählen Sie Ihre Rubrik durch Tippen aus.*

Tippen Sie auf ***Politik*** **1** *gefolgt von* ***Deutschland*** **2***, bekommen Sie alle aktuellen Nachrichten zum momentanen Politikgeschehen in der Bundesrepublik aufgerufen.*

- *Auf die Starteseite von Spiegel Online gelangen Sie wieder, indem Sie auf das Spiegel Online Logo links oben tippen.*

Ein anders Beispiel: Sie haben das Videoportal ***YouTube*** bereits über die auf dem iPad integrierte ***YouTube App*** kennengelernt. Ich sagte Ihnen, dass sich diese App mit Inhalten von der YouTube Webseite speist. Schauen wir uns an, wie die Seite im Internet im Vergleich zu unserer App aufgebaut ist.

- *Tippen Sie auf die Adressleiste und geben* ***www.youtube.com*** *ein.*
- *Wenn Sie auf die* ***YouTube Webseite*** *weitergeleitet wurden, werden Sie feststellen, dass der Aufbau der Webseite dem der App sehr nahe kommt.*

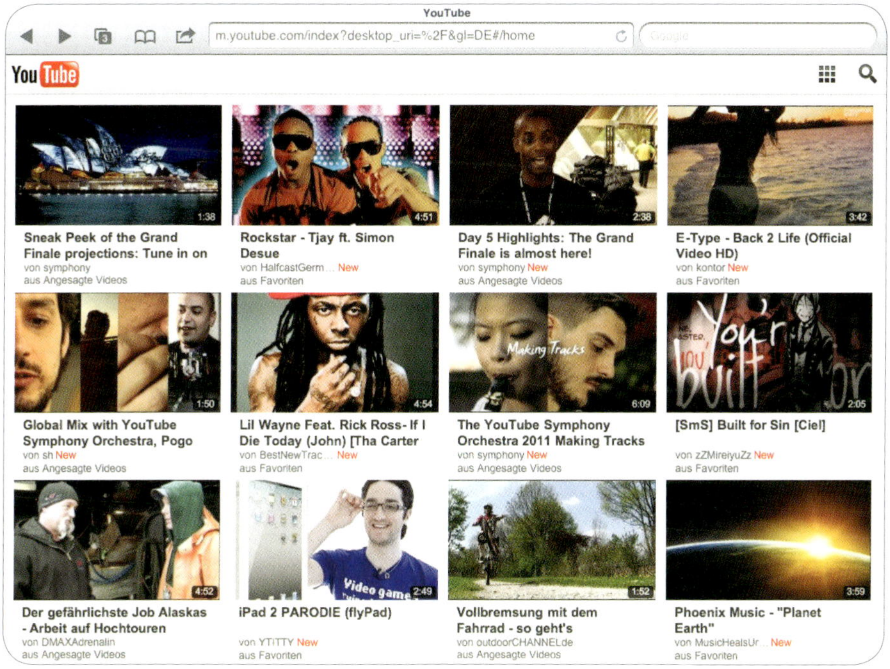

- *Der Unterschied liegt am unteren Ende der Seite versteckt.*

Wischen Sie an das Seitenende. Sie sehen die beiden blauen Optionen ***Anmelden*** *1 und* ***Desktop*** *2.*

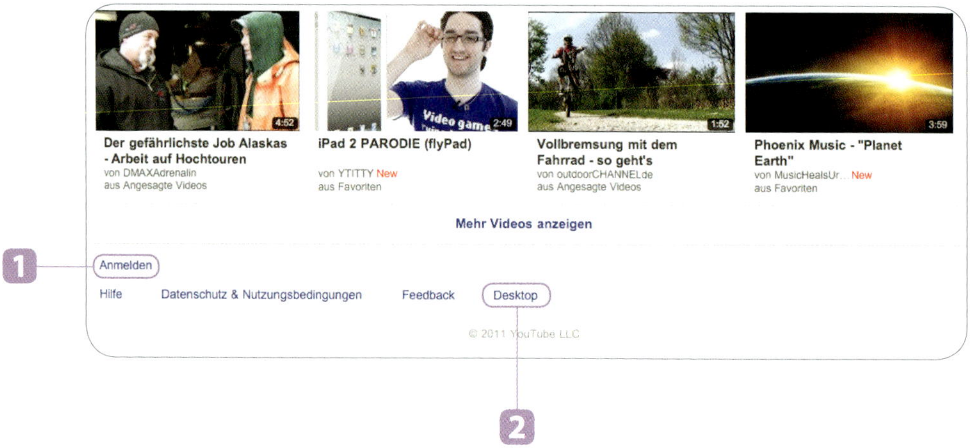

Tippen Sie auf ***Anmelden*** *2, um sich für die Feedback oder Kommentieren-Funktion in Ihrer* ***YouTube App*** *freizuschalten.*

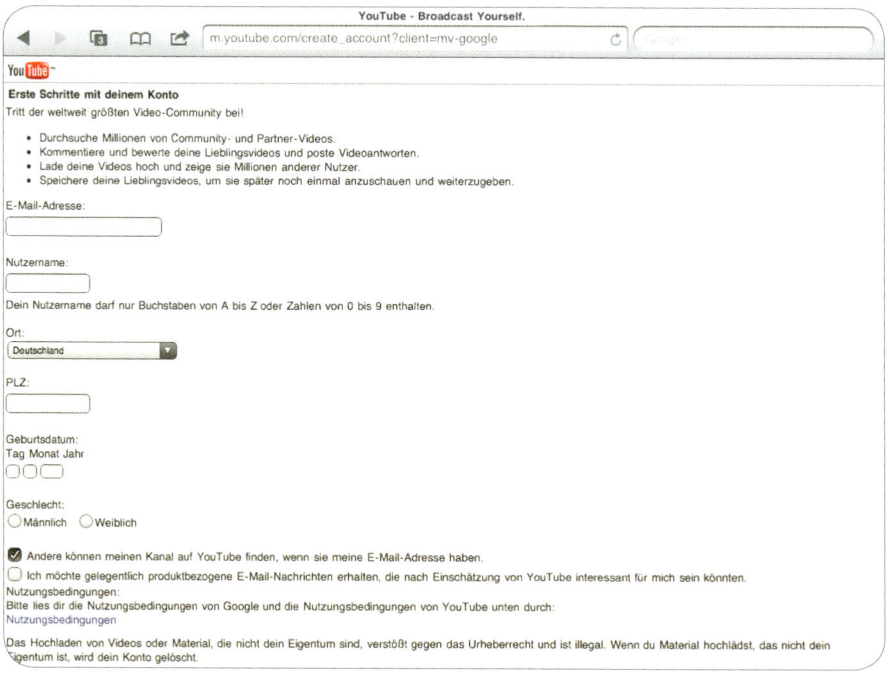

- *Bei vielen anderen Webseiten ist dies ein langes Prozedere. Nun kann es aber sein, dass Sie sich wie im **Kapitel Mail** ein Google Mail Konto eingerichtet haben oder einrichten lassen. **Die gute Nachricht:** Google und YouTube gehören zusammen und erlauben die Anmeldung über Ihr Google Mail Konto. Alles, was Sie jetzt noch brauchen, ist **Ihre Mail-Adresse** und das dazugehörigen **Passwort**.*
- *Geben Sie auf der Anmeldeseite von YouTube die **Mail-Adresse als Nutzername** 3 ein.*
- *Wenn Sie nicht wollen, dass Ihre Anmeldung bei YouTube dauerhaft besteht, entfernen Sie das Häkchen **Merken**. Die Merken-Funktion hat allerdings den Vorteil, dass Sie bei Ihrer **YouTube App** auf dem iPad auch permanent angemeldet bleiben.*
- *Leider verlangt YouTube nun noch einige zusätzliche Informationen von Ihnen, ohne die keine Anmeldung möglich ist. Überlegen Sie sich an dieser Stelle, ob Sie nicht den ein oder anderen imaginären Eintrag tätigen.*

Ihre Privatspähre können Sie weiterhin schützen, wenn Sie die beide Häkchen entfernen. Tippen Sie nun auf ***Ich stimme zu*** **1**.

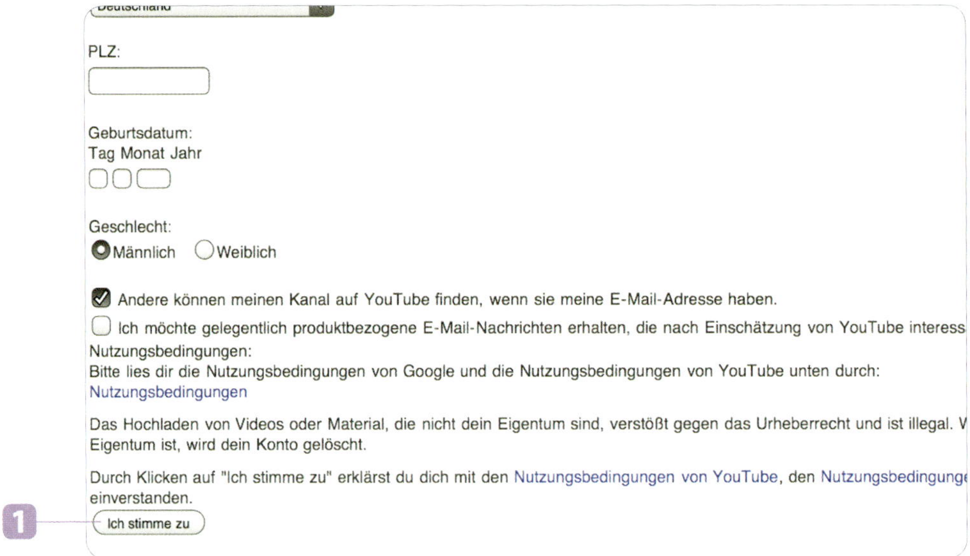

Sie werden auf eine Folgeseite weitergeleitet. Geben Sie hier nochmals die entsprechenden Daten ein und durchlaufen Sie die ***Sicherheitsabfrage*** **2**. *Bestätigen Sie durch Tippen auf* ***Konten erstellen und verknüpfen*** **3**.

Sie haben sich nun vollständig bei YouTube über Ihre Google Mailadresse registriert. Ihren ***gewählten YouTube Benutzernamen*** **4** *sehen Sie nun eingeblendet. Unter diesem Namen werden, sofern Sie vorhaben, auf YouTube Beiträge zu kommentieren oder eigene Videos einzustellen, Ihre Inhalte veröffentlicht.*

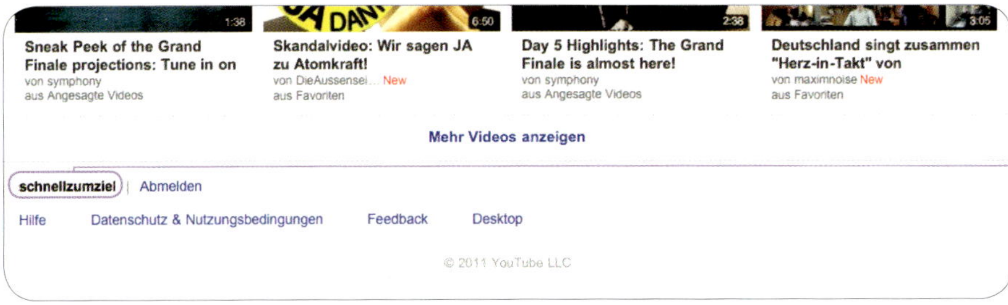

Als letzten Schritt testen Sie Ihre Registrierung, indem Sie Ihre YouTube App aufrufen und sich auch hier mit Ihren ***Zugangsdaten*** **5** *anmelden.*

Nachdem ich Ihnen das meistbesuchte Videoportal im Internet näher gebracht habe, möchte ich Ihnen ***Wikipedia*** vorstellen. ***Wikipedia*** ist ***die Online-Enzyklopädie***. Hier können Sie Informationen wie in einer gedruckten Enzyklopädie nachschlagen. Der Unterschied zwischen Wikipedia und einer Enzyklopädie, wie dem „Brockhaus", besteht darin, dass Artikel von allen Internetnutzern angelegt und ergänzt werden. Wie Sie sich vorstellen können, birgt dieses Risiken. Nicht alles, was auf Wikipedia geschrieben wird, entspricht der Wahrheit. Jedoch werden Fehler meist sehr schnell durch andere Nutzer aufgedeckt und entlarvt, so dass durch die Masse der Rezensionen eine objektive Berichterstattung doch meistens erreicht wird. Wikipedia ist als Pionier des neuen Internet, des ***Mitmachnetzes,*** zu sehen. Ein Internet, in dem nicht nur Informationen abgerufen werden können, sondern auch getauscht, diskutiert und in ihrer Güte verbessert werden können. Dieser Begriff des Mitmachnetzes ist genau das, was Sie vielleicht auch schon unter der Bezeichnung des ***Web 2.0*** gelesen haben. Das ***Web 2.0*** ist interaktiv, und jeder Internetnutzer ist eingeladen, seine Meinung kund zu tun und zu diskutieren, während in den Anfängen des Internets oft Einbahnstraßenkommunikation vorherrschte. Diese neue Kultur des Internets zeigt sich am deutlichsten in den sozialen Netzwerken wie ***Facebook*** oder ***Xing***. Auf ***Facebook*** werden wir im Laufe dieses Kapitels einen genaueren Blick werfen.

Nun aber erstmal zu ***Wikipedia***. Nehmen wir an, Sie interessieren sich für die Geschichte und Entwicklung des Internets. Um einen Artikel zum Internet auf Wikipedia zu finden, gehen Sie wie folgt vor:

- *Tippen Sie auf Ihre **Safari App**.*
- *Geben Sie **www.de.wikipedia.org** in die Adresszeile ein.*
- *Die Webseite von Wikipedia erscheint. Denken Sie an die Fingerbewegungen. Die Seite wird sehr klein dargestellt.*

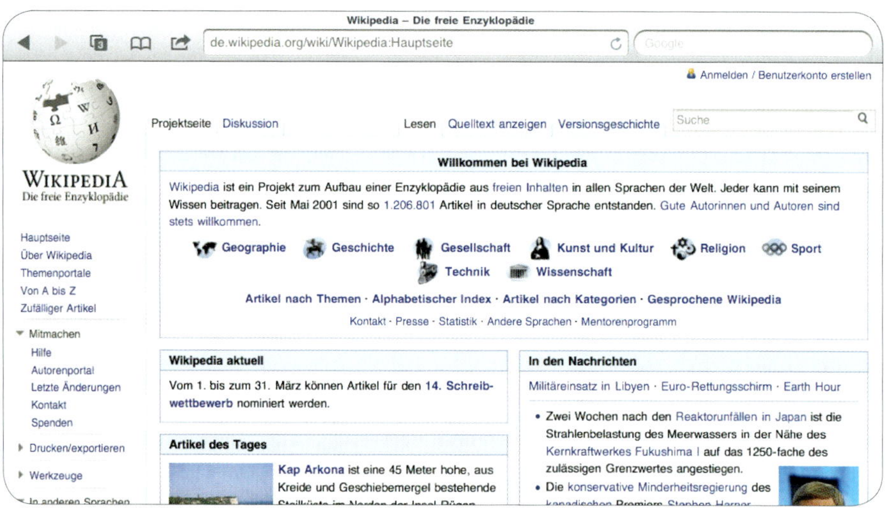

- *Geben Sie den Begriff **Internet** in die **Suche** 1 ein.*
- *Sie werden auf den Enzyklopädieeintrag Internet weitergeleitet.*

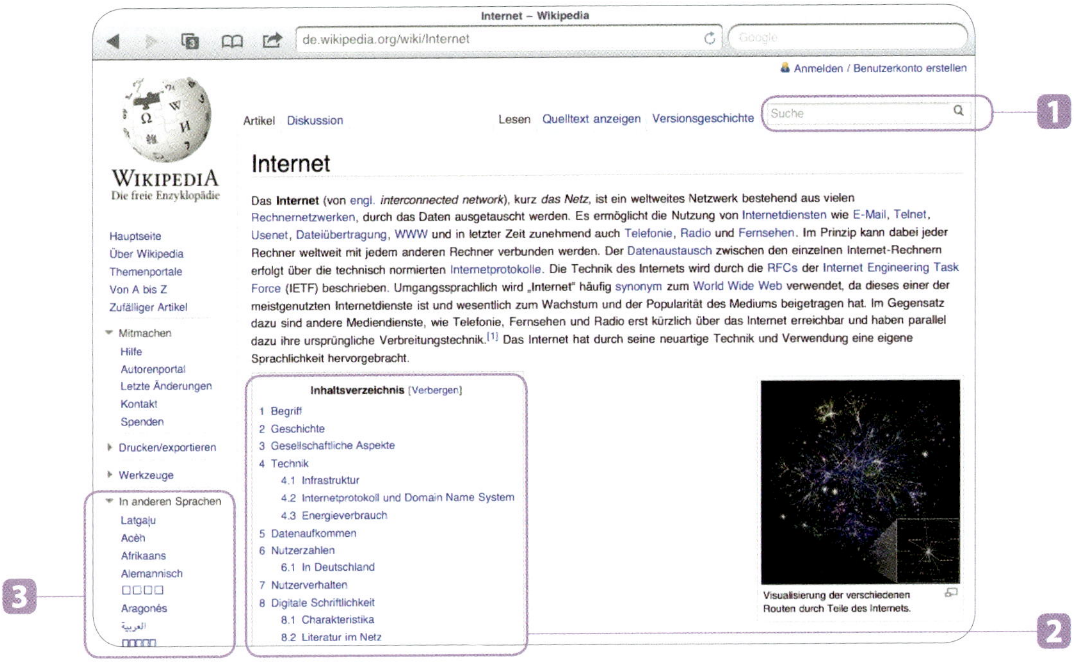

- *Das Inhaltverzeichnis gibt Ihnen einen **Überblick über den Inhalt des Einrages** 2.*
- *Am linken Rand haben Sie die Möglichkeit, die **Sprache des Artikels zu wechseln** 3.*
- *Haben Sie den Artikel zu Ende gelesen und wollen einen anderen aufrufen, betätigen Sie wieder das **Suchfeld** 1.*

Wikipedia bietet Ihnen Artikel zu jedem Thema und ist für viele Internetnutzer die erste Anlaufstelle, um sich einem Thema über Internetrecherche zu nähern.

AMAZON

Natürlich können Sie über das Internet nicht nur Informationen abrufen, sondern auch ***einkaufen***. Neben vielen kleineren spezialisierten Anbietern, ist ***Amazon*** das Kaufhaus im Internet. Es bietet nicht nur Bücher zum Kauf, sondern auch Elektronikartikel, Drogerieartikel und seit kurzem sogar Lebensmittel, die Sie sich über ***Amazon*** liefern lassen können.

Wie dies geht, möchte ich Ihnen nun erklären:

- *Tippen Sie in Ihrer Safari App **www.amazon.de** in die Adressleiste.*
- *Verschaffen Sie sich auf der Webseite von Amazon zunächst einen Überblick.*

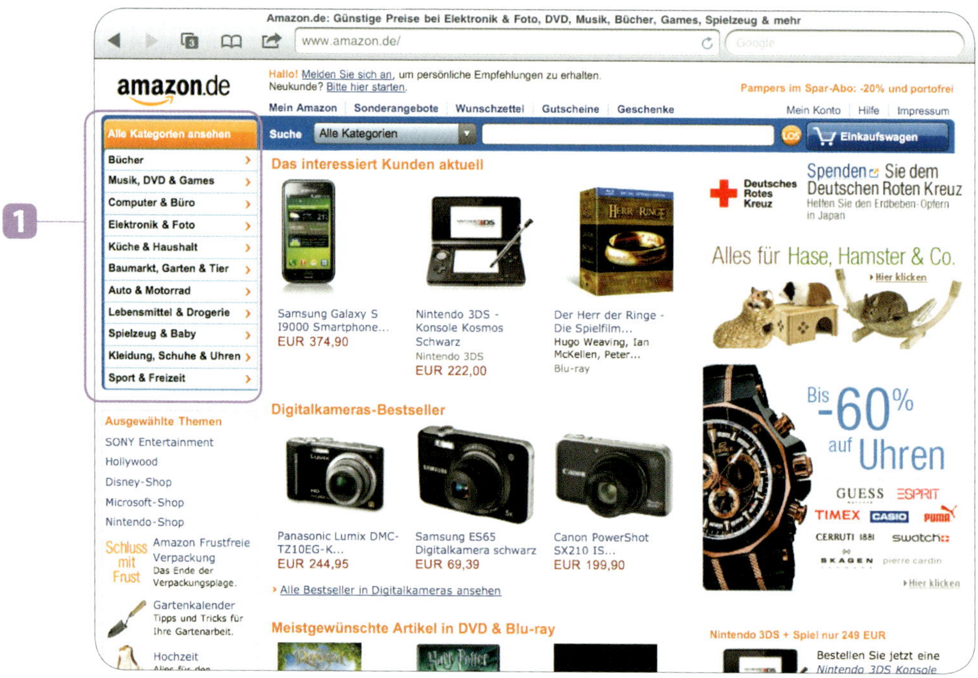

- *Die **linke Leiste** 1 gibt einen Eindruck der einzelnen Abteilungen im Online-Kaufhaus. Sie sehen: es fehlt an nichts.*
- *Bevor ich Ihnen den Registrierungsvorgang erläutere, möchte ich mit **Ihnen eine Testsuche starten:** Nehmen wir an, Sie wollten diesen Buchtitel über Amazon kaufen. Geben Sie **iPad 2 zum Ziel** 2 in die Suchleiste von Amazon ein und tippen Sie auf **Öffnen** auf der Tastatur.*
- *Sie gelangen nun zu unserem Buch.*

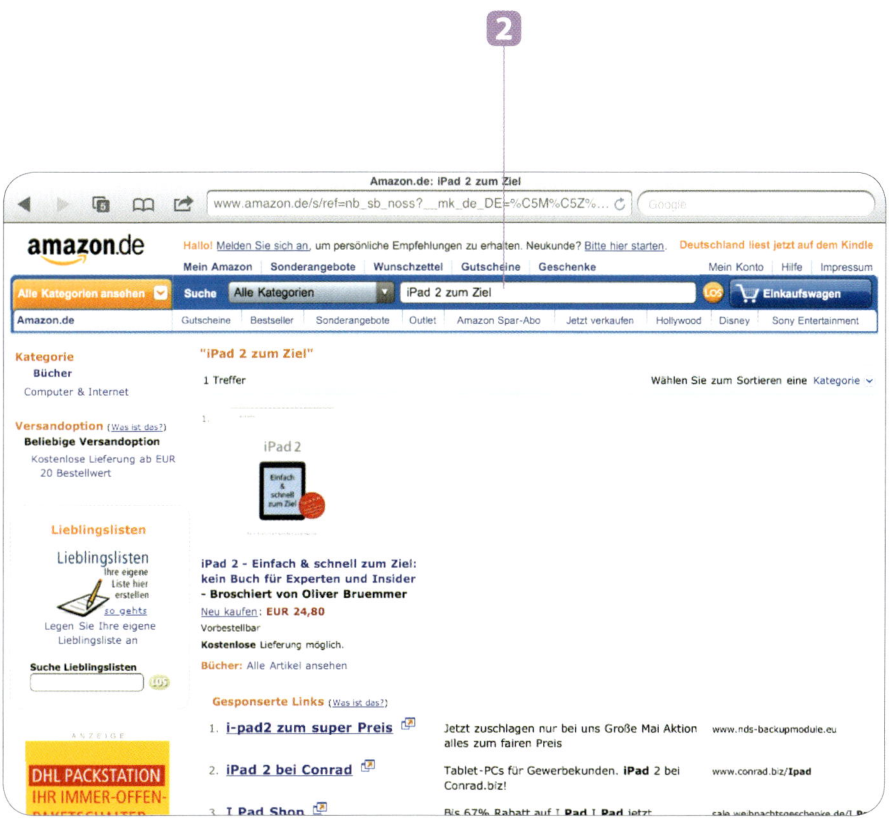

Tippen Sie auf den Titel des Buches, um die komplette Profilseite angezeigt zu bekommen.

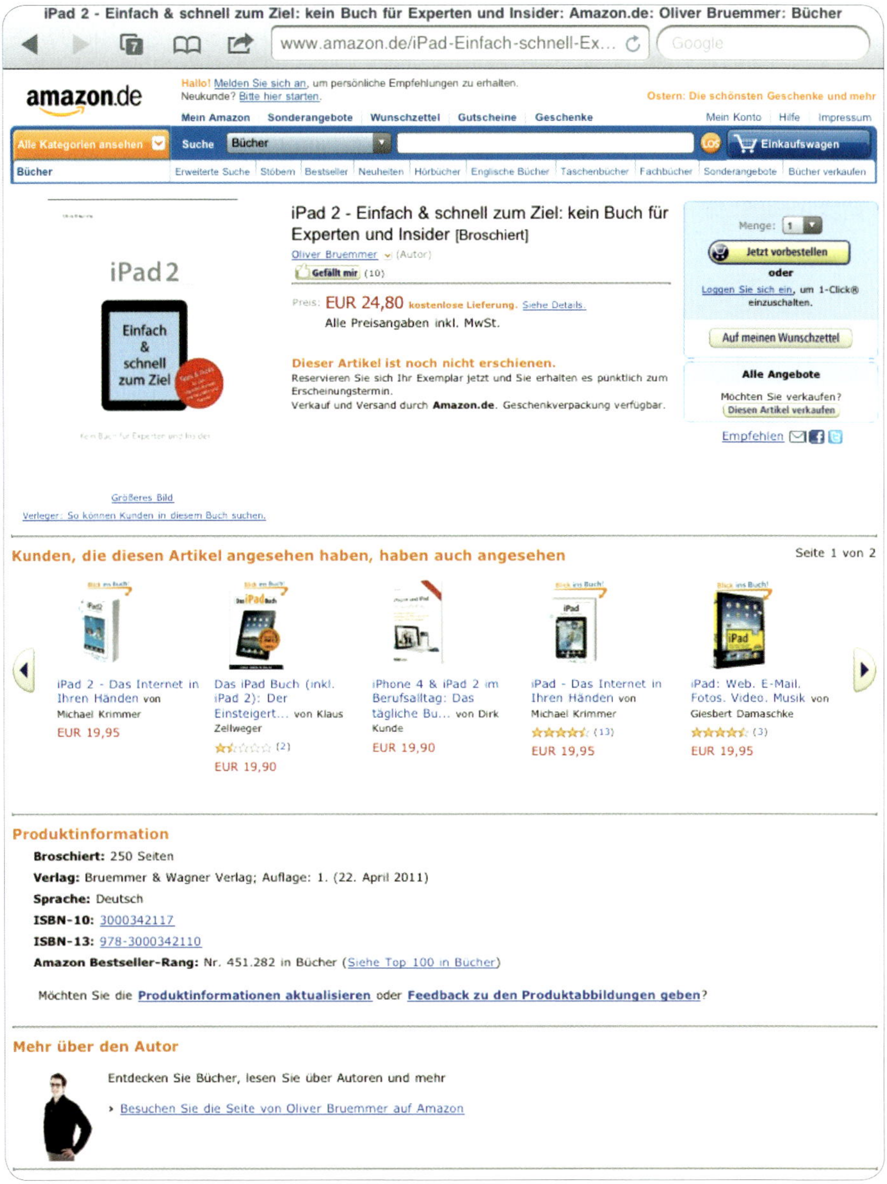

Bevor Sie bei ***Amazon*** einen Artikel bestellen können, müssen Sie, wie bei allen Diensten im Netz, registriert sein. Lassen Sie uns den ***Registrierungsprozess*** am Beispiel unseres Buches durchgehen. Wenn Sie einmal bei Amazon registriert sind, haben Sie bei zukünftigen Bestellungen die Möglichkeit, diese komfortabel mit nur einem Tippen in Auftrag zu geben. Die Bearbeitung Ihrer Amazon-Bestellung geht außerordentlich schnell vonstatten. Meistens haben Sie Ihr Produkt schon ein bis zwei Tage später im Briefkasten. Den ***Registrierungsprozess*** bewältigen Sie ausgehend von unserem Buchprofil am besten, indem Sie:

- *Auf den **Jetzt vorbestellen-Knopf** 1 am rechten Bildschirmrand tippen.*

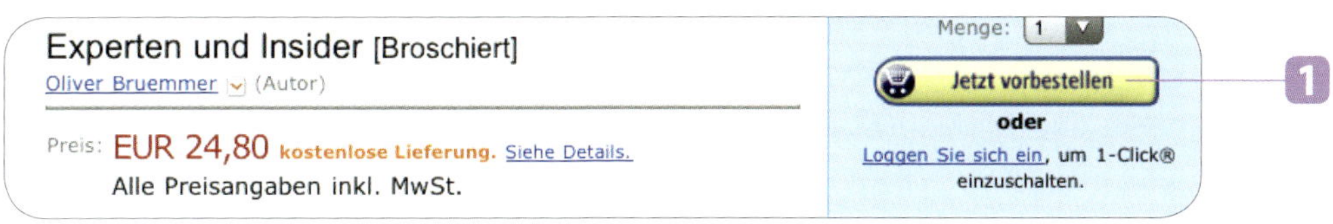

- *Ihnen wird angezeigt, dass das Buch Ihrem **Einkaufswagen** 2 hinzugefügt worden ist.*

- *Amazon bietet Ihnen auf dieser Seite die Option, den ausgewählten Artikel als Geschenk verpacken und verschicken zu lassen. Wenn Sie dies beabsichtigen, tippen Sie auf den **leeren Kasten** 3 , bis ein Häkchen erscheint.*

- *Tippen Sie nun* ***Zur Kasse gehen*** **1**.

- *Sie werden zum* ***Anmeldefenster*** *weitergeleitet.*

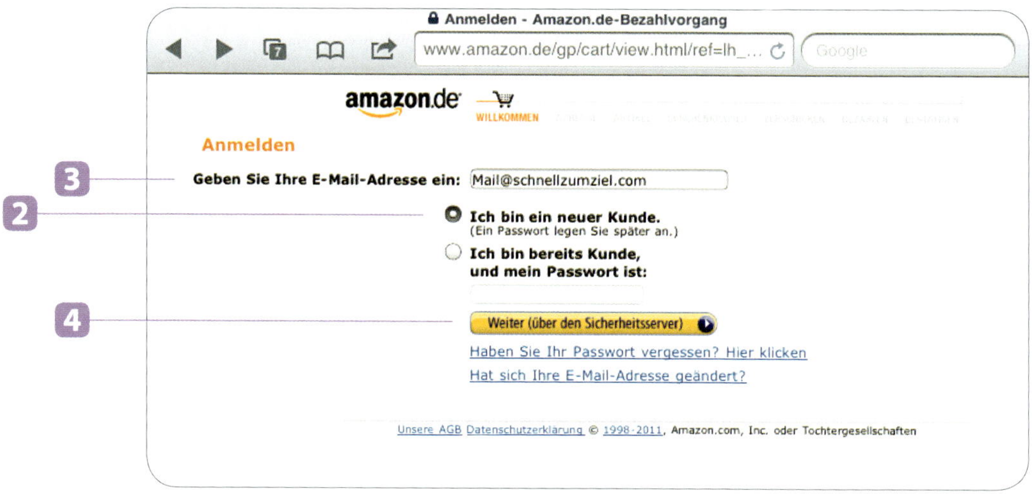

- *Markieren Sie zuerst die Option* ***Ich bin ein neuer Kunde*** **2** *und geben Sie dann* ***Ihre Mail-Adresse ein*** **3**. *Bestätigen Sie Ihre Eingaben durch* ***Weiter*** **4**.

- *Geben Sie das* ***gewünschte Passwort*** *für Ihr Amazon-Konto an und füllen Sie die restlichen Felder, indem Sie in die* ***weißen Felder*** **5** *tippen.*

  Bestätigen Sie über ***Konto anlegen*** **6**.

*Geben Sie Ihre **Versandadresse** ein und bestätigen Sie mit **Weiter** 7.*

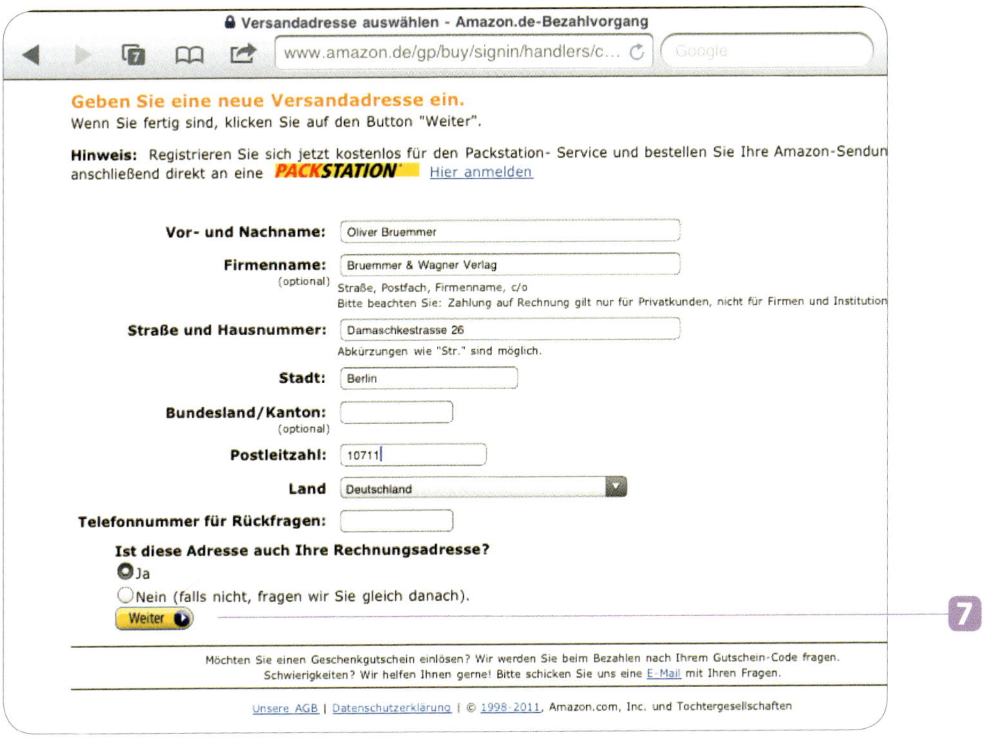

*Überprüfen Sie Ihre Versandadresse und bestätigen Sie mit **An markierte Adresse versenden** 1.*

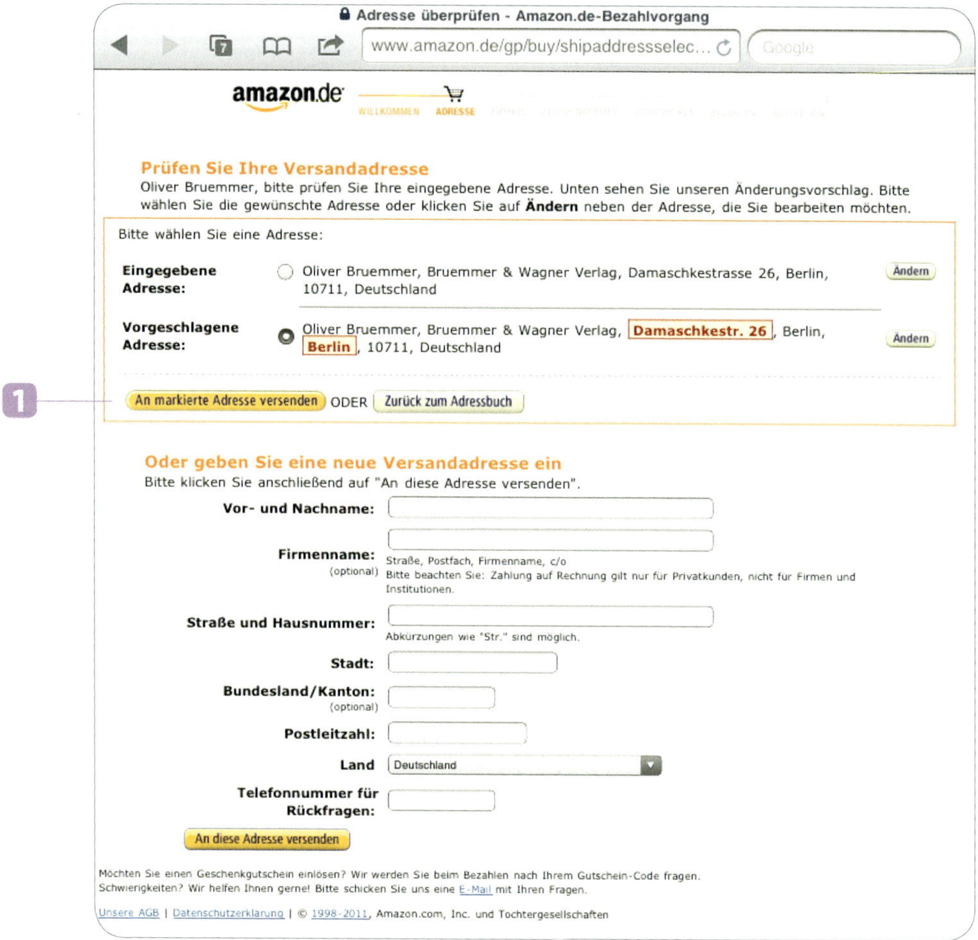

*Wählen Sie Ihre **gewünschte Versandart** 2. Am besten, Sie belassen es beim **Standardversand** 3. Dieser ist ausreichend schnell und um einiges günstiger als der Premiumversand. Auch in diesem Fenster haben Sie nochmals die Möglichkeit, das Buch als Geschenk versenden zu lassen. Bestätigen Sie mit **Weiter** 4.*

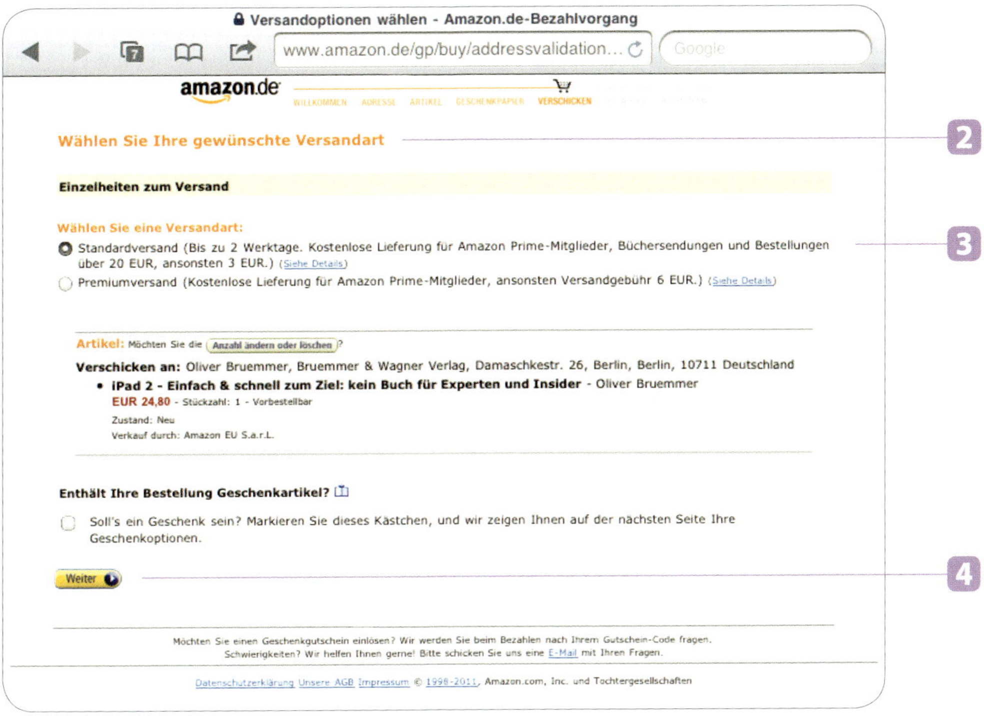

*Nun fordert Amazon Sie auf, eine Zahlungsoption festzulegen. Sie können sowohl per **Lastschrift** 5 als auch **per Kreditkarte** 6 zahlen.*

HINWEIS:

Zahlungssicherheit im Internet ist ein brandaktuelles Thema. Lassen Sie sich nie dazu verleiten, auf kleinen und unbekannten Webseiten Ihre Kontodaten einzugeben. Es tummeln sich viele schwarze Schafe im Internet. Wenn Sie im Internet über einen Ihnen noch unbekannten Shop einkaufen wollen, fragen Sie am besten Bekannte, ob sie schon Erfahrungen mit der Vertrauenswürdigkeit dieses Shops gemacht haben. Wenn Sie sich diese Information über Amazon einholen, werden Sie feststellen, dass viele Freunde schon über Amazon kaufen und die Hinterlegung der Kontodaten an dieser Stelle unbedenklich ist.

- *Exemplarisch nehmen wir die Kontodatenhinterlegung für den Bankeinzug vor. Bestätigen Sie mit* ***Bankeinzug hinzufügen*** 1.

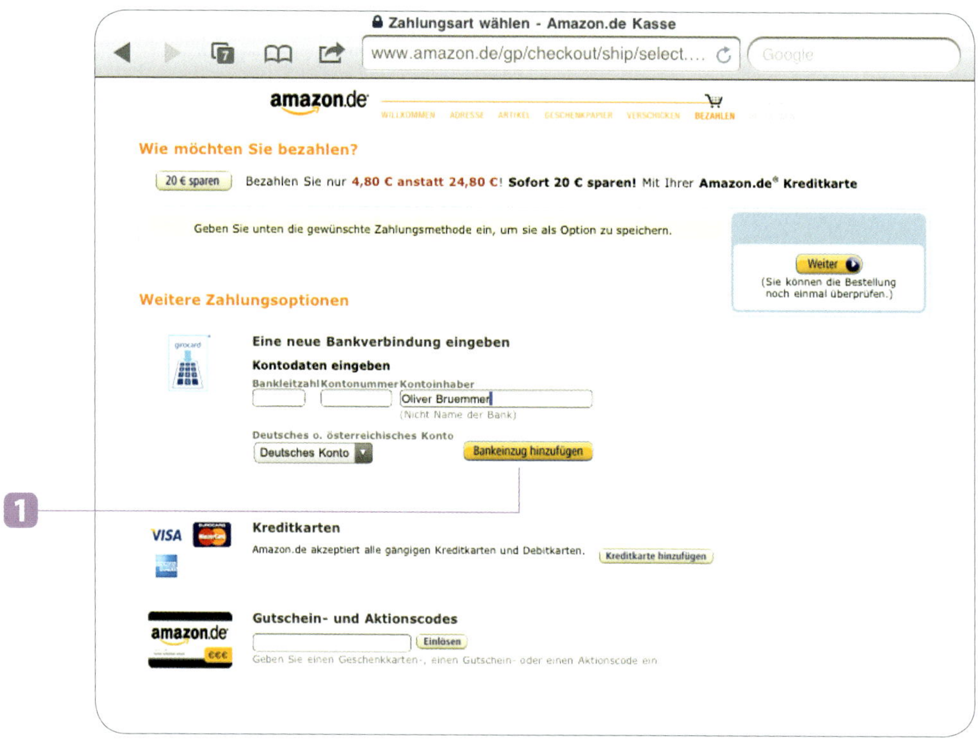

Unter Ihre Bankeinzugskonten wird jetzt Ihr angegebenes Konto angezeigt. Tippen Sie auf **Weiter**.

Ihr Bestellvorgang steht kurz vor dem Abschluss. In einem neuen Fenster werden nochmals alle Daten zur Bestellung und zu Ihrem Konto bei Amazon zusammengefasst. Überprüfen Sie die Daten auf Ihre Richtigkeit.

Sie haben nun ein Konto bei Amazon eingerichtet. Wenn Sie das Buch tatsächlich nochmal zu sich nach Hause geschickt haben wollen oder die Geschenkoption gewählt haben, bestätigen Sie die Bestellung über **Bestellung abschicken** 3 .

*Über **Zur Amazon.de-Homepage** 1 gelangen Sie auf die Startseite von **Amazon,** ohne eine Bestellung aufgegeben zu haben. Sie sind jetzt registriert und können mit den hinterlegten Daten auf Amazon einkaufen.*

Mein Konto *informiert Sie über sämtliche Bestellungen, die Sie getätigt haben, und lässt Sie Änderungen an Ihren Einstellungen und persönlichen Daten vornehmen.*

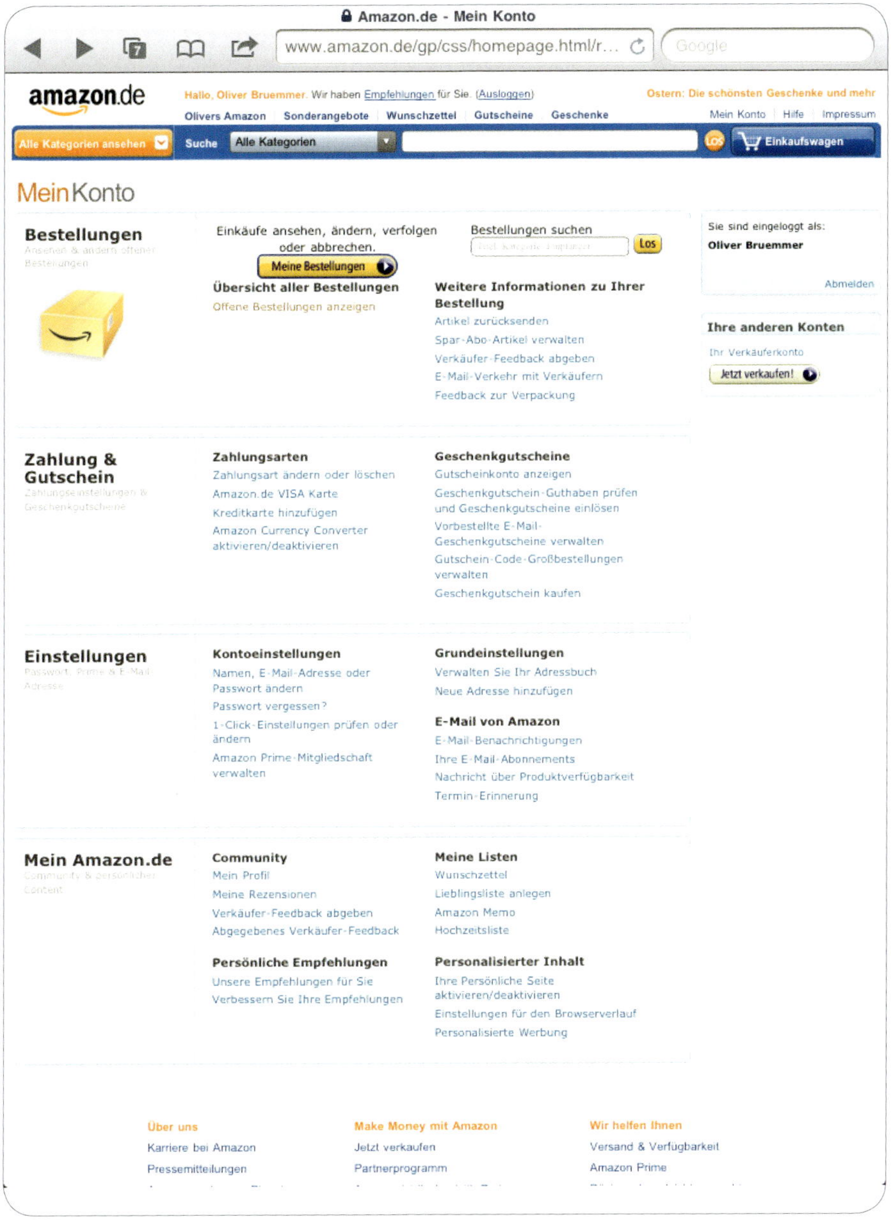

- *Sollten Sie einmal fälschlicherweise einen Artikel bestellt haben, tippen Sie auf* ***Offene Bestellungen*** 1 *anzeigen und dann auf* ***Artikel stornieren*** 2 *im Folgebildschirm. Diese Option ist verfügbar, solange sich der bestellte Artikel noch nicht in der Bearbeitungsschleife bei Amazon befindet.*

- *Zum Abschluss des Stornierungsprozess markieren Sie das Kästchen* ***Storniere Artikel*** 3 *und bestätigen Sie mit* ***Markierte Artikel stornieren*** 4.

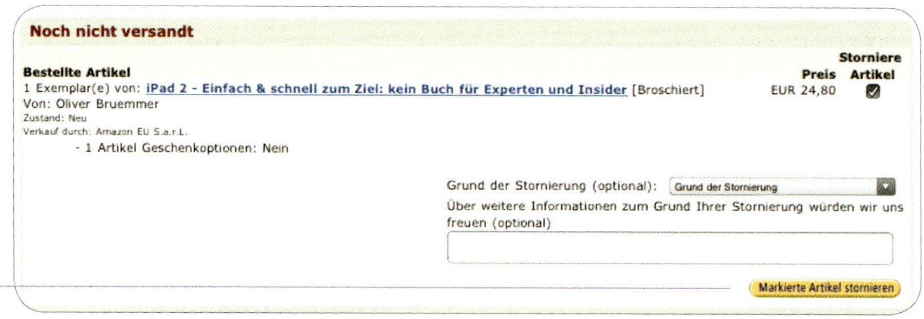

HINWEIS:

Es ist wichtig, dass Sie sich Ihren ***Benutzernamen*** und Ihr ***Passwort*** merken. Ob Sie dies durch Zettel und Bleistift machen oder ob Sie immer das gleiche Standardpasswort vergeben, bleibt Ihnen überlassen. Sollten Sie in die Verlegenheit geraten, Ihr Passwort vergessen zu haben, stellen Ihnen alle Anbieter im Internet einen automatisierten Erinnerungsdienst zur Verfügung. Das vergessene Passwort wird Ihnen beim Einsatz des Erinnerungsdienstes dann an Ihre hinterlegte Mail-Adresse geschickt. In bestimmten Fällen ist dem automatischen Versand Ihres Passwortes noch eine Sicherheitsfrage vorgeschaltet. Ersparen Sie sich die Mühe und Verwirrung dieses Prozesses. Achten Sie beim Erinnern Ihres Passwortes auch auf ***Groß- und Kleinschreibung***.

FACEBOOK

Das Wohl und Übel von sozialen Netzwerken ist ein viel diskutiertes Thema. ***Facebook*** ist in der Riege der sozialen Netzwerke der prominenteste Vertreter und das Netzwerk mit den meisten Nutzern weltweit. Mitte 2010 hat Facebook seinen 500 Millionsten Nutzer begrüßen dürfen. Um verstehen zu können, was die Menschen an Facebook fasziniert, möchte ich Ihnen an dieser Stelle eine Einführung geben. Dabei kommt es mir darauf an, dass Sie selbst ein Gespür für Facebook bekommen: für dessen nützliche und soziale Seite, aber auch für dessen immer wieder in den Medien thematisierten dunklen Seiten.

Die ***Facebook Startseite*** bietet einen guten Eindruck, um was es eigentlich bei einer Facebook Mitgliedschaft geht: ***mit Freunden in Kontakt zu treten und mit ihnen Inhalte auszutauschen.***

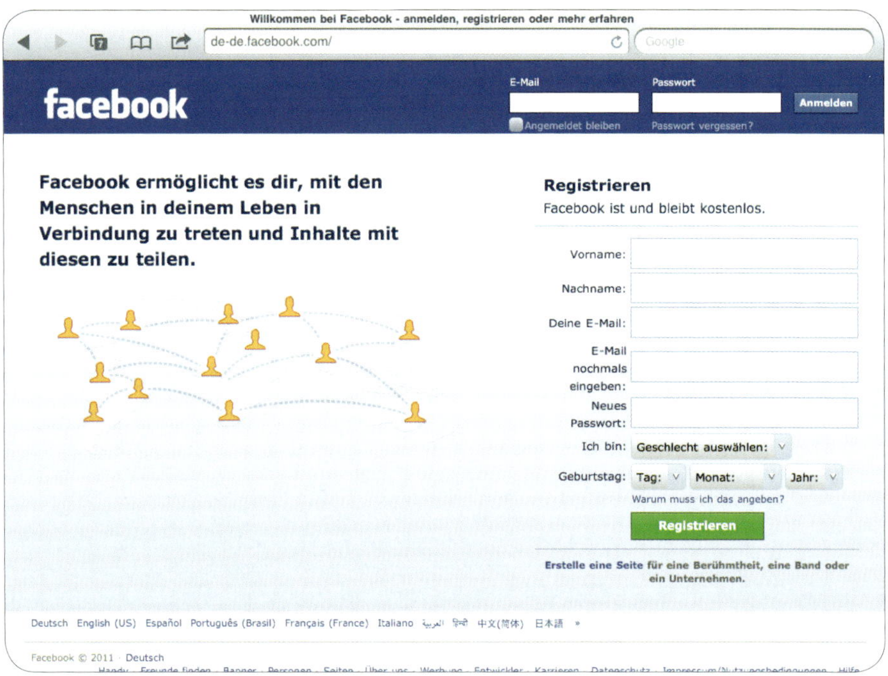

- *Geben Sie in die Adresszeile Ihrer Safari App* ***www.facebook.de*** *ein, um auf die deutsche Startseite von Facebook zu gelangen.*

- *Auch bei Facebook müssen Sie einen* ***Registrierungsprozess*** *durchlaufen, der die abgebildeten Daten beinhaltet. Diese Daten muss jeder Benutzer zur Verfügung stellen. Wenn Sie nicht wollen, dass Facebook Ihr Alter und Ihren Namen mitgeteilt bekommt, haben Sie die Möglichkeit, sich ein* ***Profil unter einem Pseudonym*** *anzulegen. Sie haben lediglich darauf zu achten, dass Sie Ihre* ***korrekte Mail-Adresse*** *angeben. Facebook sendet an diese Adresse eine Mail mit einer Bitte um Bestätigung. Nur wenn Sie diese Mail auch tatsächlich bestätigen, wird Ihr Profil bei Facebook angelegt.*

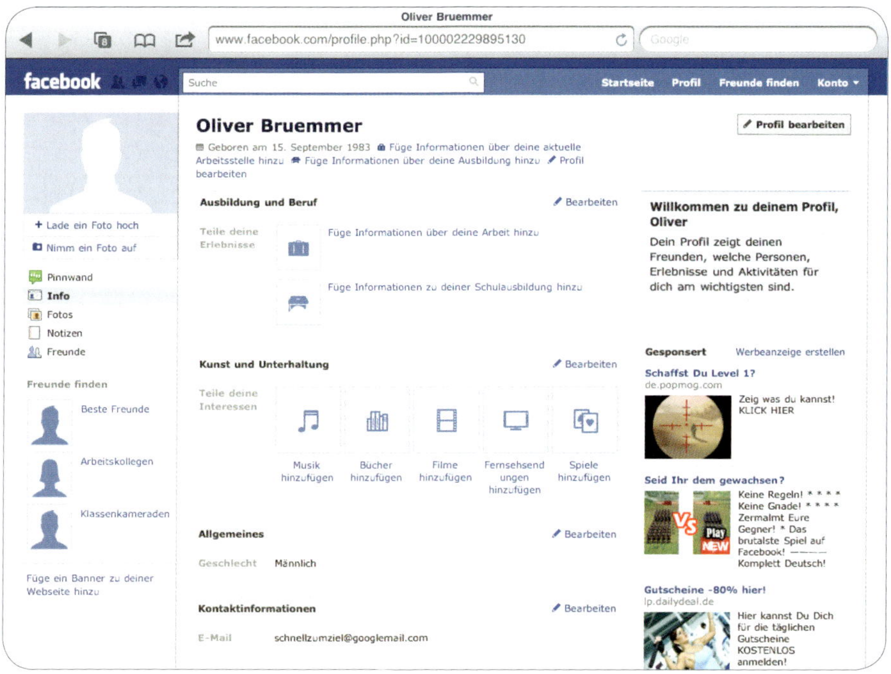

- *Sofern Sie sich überlegen, ein Pseudonym zuzulegen, sollten Sie beachten, dass Sie dann später auch nur unter diesem bei Facebook gefunden werden können.*

Nachdem man sein Facebook Profil mit den Informationen gefüllt hat, die man für die Öffentlichkeit oder seine Freunde verfügbar machen möchte, bietet sich ein Besuch auf der persönlichen **Startseite** 1 an.

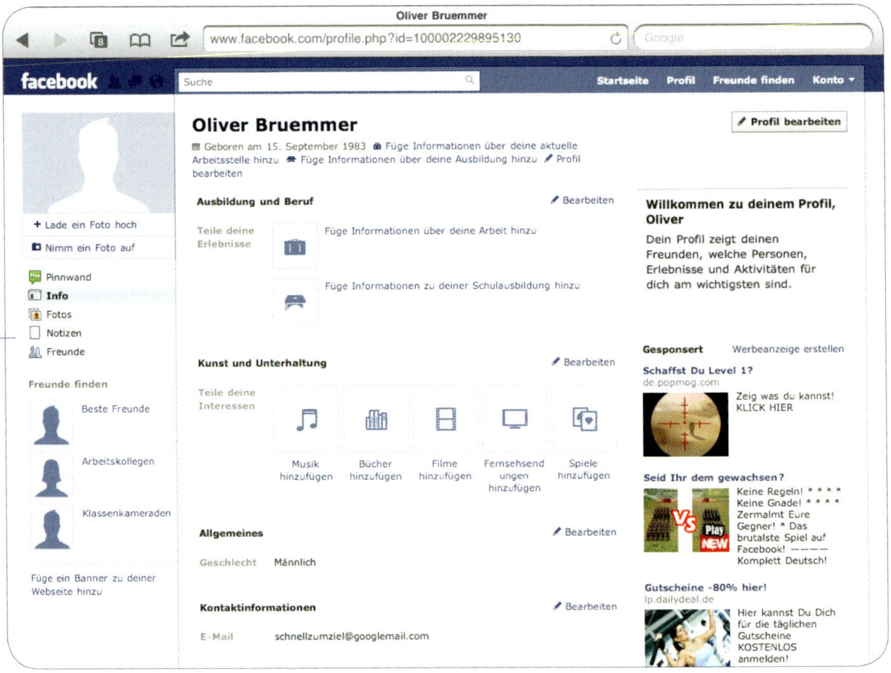

1

Die **Startseite** kann dazu genutzt werden entweder Statusmeldungen der eigenen Freunde zu verfolgen oder selbst Statusmeldungen in das Statusfenster einzugeben und an die Freunde abzuschicken. Statusmeldungen können nicht nur Text, sondern auch Fotos, Videos und Hinweise zu interessanten Webseiten enthalten. **Hier ein Beispiel für eine mit Statusmeldungen gefüllte Startseite** 2.

TabletCommunity.de
www.facebook.com/TabletCommunity
Google
facebook
Search
TabletCommunity.de
Computers/Internet
Wall
TabletCommunity.de · Most recent
Share: Post Photo Link Video
Write something...
TabletCommunity
News & Gerüchte
Testberichte
Anleitungen
und eine große
Community
TabletCommunity.de
Erste iPad 2-Lieferungen in Deutschland am 12. April
Laut ifun wurden heute Morgen die ersten Versandbestätigungen an die Online-Besteller des Apple iPad 2 versandt. Demnach sollen die ersten Geräte am 14. oder 15. April bei den Kunden ankommen, jedoch berichten auch diverse Nutzer in den Kommentaren des Apple-Blogs, dass ihnen der 12. April als Liefertermin von UPS mitgeteilt wurde.Um bei den ersten Lieferungen dabei zu sein, war allerdings eine frühe Bestellung notwendig – viele haben am 25....
Source: Tablet Community
Published: 2011-04-09 10:00:35 GMT
23 minutes ago via RSS Graffiti · Like · Comment · Share
TabletCommunity.de
HTC Flyer – Erstes Unboxing-Video aus Polen
Das gibt es auch nicht oft – das erste Unboxing vom HTC Flyer kommt diesmal direkt vom Hersteller, wie ich gerade bei netbooknews lesen konnte. Die polnische Niederlassung hat sich wohl entschieden, das Gerät als erstes weltweit auszupacken und es in einem umfangreichen Video zu präsentieren. Zwar ist es deshalb auch komplett in polnisch, aber Bilder sagen ja bekanntlich mehr als tausend Worte.So haben wir nun zum Beispiel erfahren, dass man...
Source: Tablet Community
Published: 2011-04-09 09:28:23 GMT
53 minutes ago via RSS Graffiti · Like · Comment · Share
Wall
Info
Photos
Discussions
About
Auf TabletCommunity.de findest du die neuesten News rund um Tablets! http:/...
More
63
people like this
Likes
See all
Google
TabletCommunity.de
Finanzielle Probleme: Interpad von E-Noa liegt auf Eis
Lange hat man nichts vom Kölner Hersteller e-noa gehört, der im September zur IFA das Interpad mit Android 2.2 vorgestellt hat. Nun soll das Projekt jedoch komplett auf Eis liegen, wie TabletGuys vom Geschäftsführer Yilmaz Kilic erfahren hat. Demnach habe man einfach keinen Investor zum geplanten Marktstart gefunden, um die importierten Geräte zu finanzieren.Ursprünglich sollte das Tablet im Herbst 2010 auf den Markt kommen, doch dann entschied man sich Ende des Jahres,...
Friends
People
2

Zusammenfassend zu dieser kurzen Einführung lässt sich sagen, dass Facebook die Kommunikation im Netz nicht nur bereits schon erheblich beeinflusst hat, sondern dies auch in Zukunft noch tun wird. Experten gehen davon aus, dass in absehbarer Zukunft ein Großteil der online-Kommunikation nicht mehr über Mail, sondern über soziale Netzwerke abgewickelt wird. Bei der anhaltenden Debatte über die Sicherheit der Netzwerke sollten Sie sich immer vor Augen führen, dass Sie der Herr über Ihre eigenen Daten sind. Was Sie nicht mitteilen wollen, behalten Sie für sich.

HINWEIS:
Sie können ahnen, welche Möglichkeiten sich Ihnen durch Facebook bieten: Freunde aus dem In- und Ausland wiederfinden, eingeschlafene Kontakte wieder aufleben lassen. Dennoch ist die Seite für Sie noch zu komplex und Sie haben Sicherheitsbedenken? Schauen Sie auf unserer Webseite ***www.bundwverlag.de*** vorbei und senden Sie uns Ihre Fragen.

ZEIT ONLINE

Eigentlich wollte ich Ihnen an dieser Stelle die Präsenz der Bild Zeitung im Internet vorstellen. Leider hat sich die Bild Zeitung ein paar Tage vor dem Verfassen dieses Kapitels überlegt, Ihr Online-Angebot von einem kostenlosen in ein kostenpflichtiges Angebot umzuwandeln. Wenden Sie sich an unsere Webseite, wenn Sie an der Installation der kostenpflichtigen App Interesse haben.

Anstatt uns vielen Bildern mit wenig Text auf der Bild Webseite zu widmen, möchte ich Ihnen ***Zeit Online*** vorstellen:

- *Geben Sie in die Safari Adressleiste **www.zeit.de** 1 ein.*

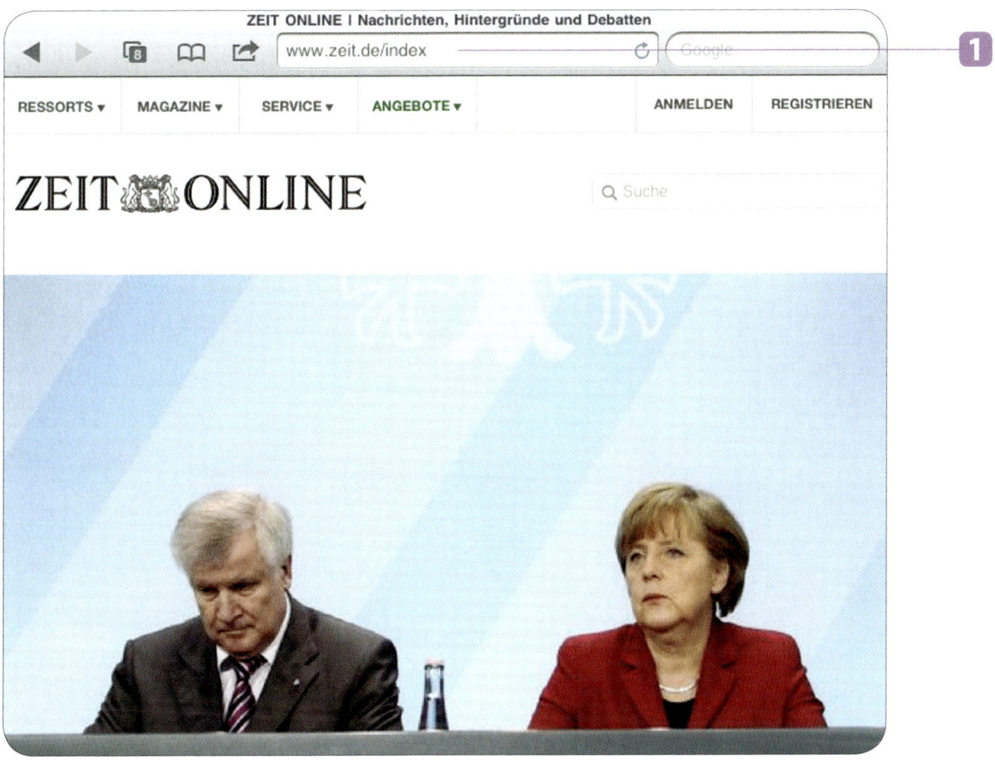

- *Verschaffen Sie sich einen Überblick über die Inhalte des Tages. Seite nach oben wischen, um die unteren Artikel angezeigt zu bekommen.*
- *Über die Navigationsleiste kommen Sie direkt zum gewünschten* ***Ressort****:*

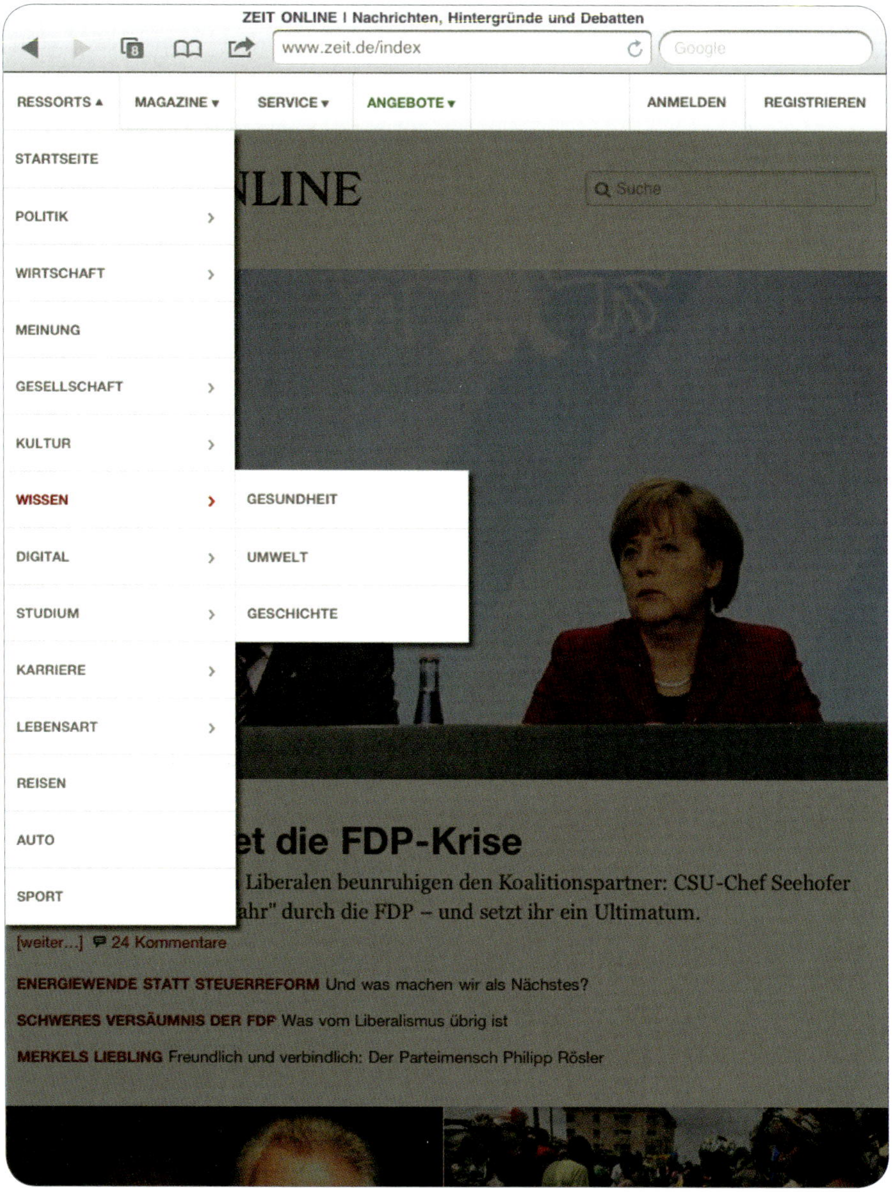

*Über das Angebot **ZeitAudio** können Sie alle in der Zeit erschienen Artikel auch als Hörbeitrag bestellen und bequem über Ihr iPad abspielen:*

DER BRUEMMER & WAGNER VERLAG

Als letztes möchte ich Ihnen die Webseite des ***Bruemmer & Wagner Verlags*** vorstellen. Wir haben die Webseite für Sie, die Leserinnen und Leser des iPad Ratgeberbuches, erstellt. Die Webseite ***www.bundwverlag.de*** 1 bietet Ihnen eine Anlaufstelle für alle Fragen, die Ihnen dieses Buch aufgrund von Umfangs- und Zeitbeschränkungen nicht hat beantworten können. Bei Ihren Anfragen an den Bruemmer & Wagner Verlag ist es völlig egal, ob es sich um eine spezielle Frage zu einem Buchkapitel handelt oder ob nach der Lektüre zu Computer und Internet noch offene Fragen sind. Etwas, das Sie in der Presse schon mal aufgegriffen haben und erklärt haben wollen oder was Sie schon immer mal über die Computertechnik fragen wollten. Ganz gleich, wir kümmern uns um Ihre Anfrage.

Um auf unsere Webseite zu gelangen, gehen Sie wie folgt vor:

- *Öffnen Sie die **Safari App** und geben Sie **www.bundwverlag.de** 2 in die Adressleiste ein.*

- *Sie gelangen nun automatisch auf unsere Webseite und haben jetzt die Wahl, ob Sie sie **horizontal** oder **vertikal** betrachten wollen. Die Webseite ist auf beide Anzeigemodi ausgelegt.*

Nehmen Sie sich die Zeit, um sich einen Überblick zu verschaffen. Wenn Sie Ihren bevorzugten Anzeigemodus gefunden haben, haben Sie mehrere Möglichkeiten unsere Webseite www.bundwverlag.de zu nutzen. Sie können entweder:

- *über das **Kontaktformular** 1 fortfahren und uns direkt eine Nachricht zukommen lassen.*

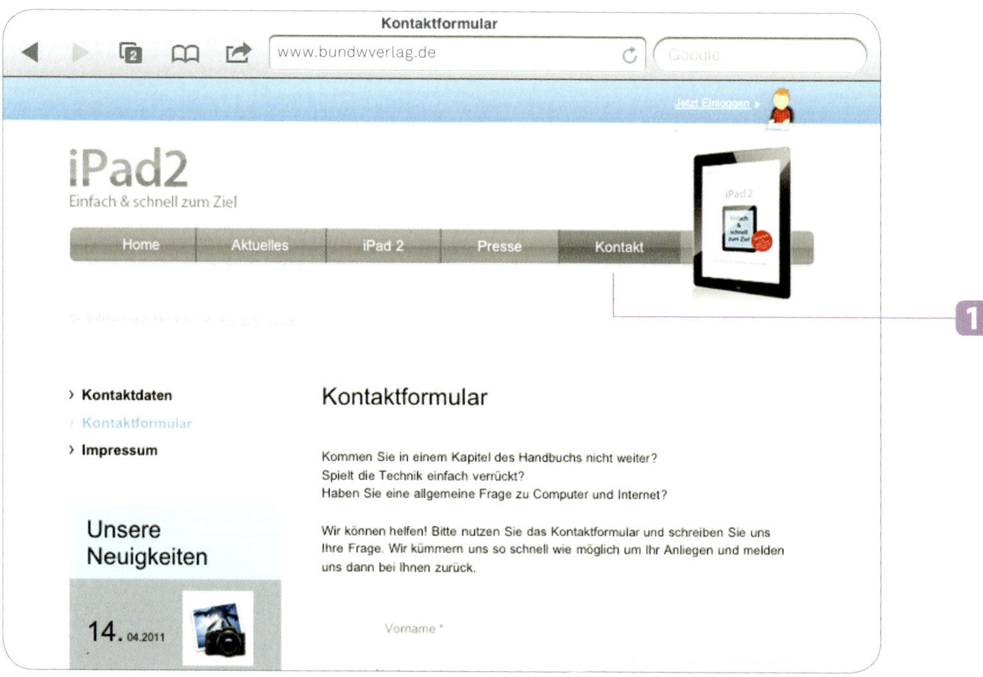

*sich für zusätzliches Lehrmaterial im **Registrierungsbereich** anmelden. Um sich registrieren zu können, gehen Sie wie folgt vor: Tippen Sie auf **Home** 2 und dann auf **Registrierungsbereich** 3 im Text.*

Sie werden automatisch zum Anmeldefenster weitergeleitet.

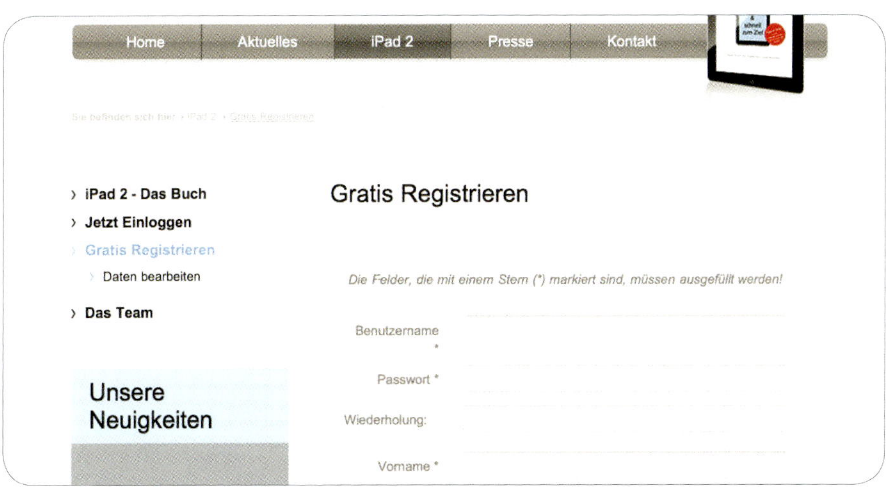

Geben Sie hier Ihre Registrierungsdaten ein. Merken Sie sich diese für spätere Anmeldungen auf unserer Webseite. Achten Sie darauf, dass Ihre ***Mail-Adresse*** *1 mit der hinterlegten Mail-Adresse auf Ihrem iPad übereinstimmt und tippen Sie* ***Konto erstellen*** *2.*

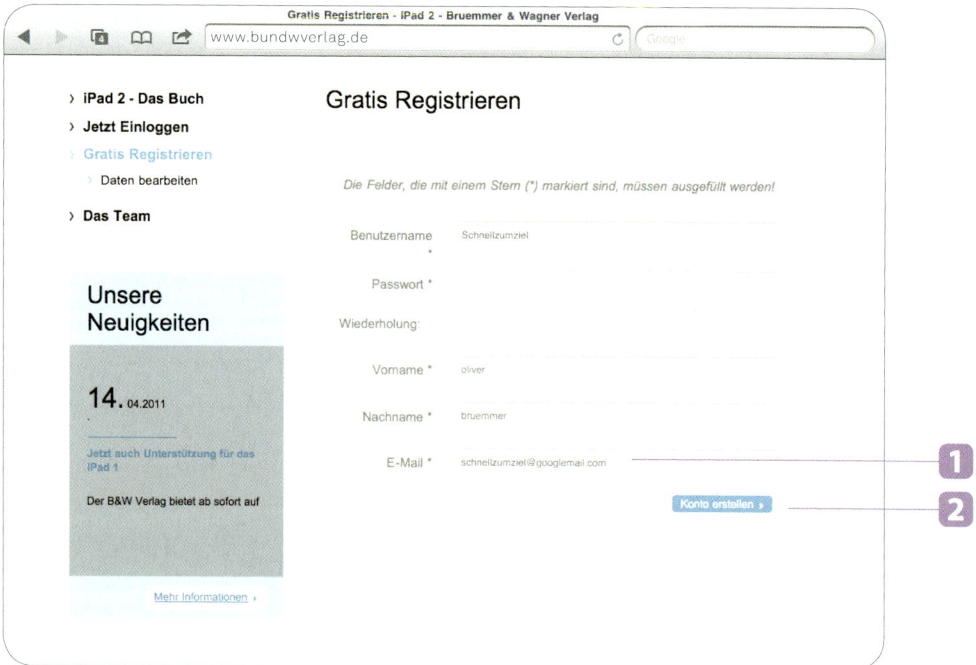

Tippen Sie im Folgebildschirm auf ***Konto jetzt erstellen!*** *3.*

- *Alles, was Sie jetzt noch tun müssen, ist in Ihre **Mail App** zu wechseln und den an Sie versendeten **Bestätigungslink** 4 zu tippen.*

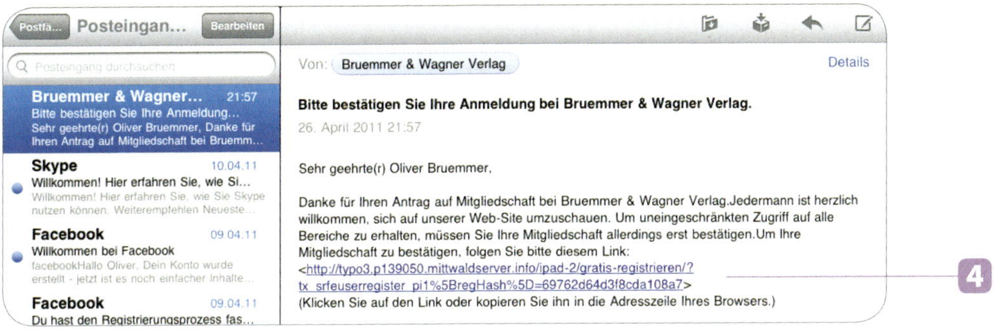

- *Sie sind nun erfolgreich registriert und können alle Angebote unserer Webseite in Anspruch nehmen. Dem Lernvergnügen mit weiterem interessanten Text-, Bild- und Videomaterial steht nichts mehr im Wege.*

HINWEIS:

Auch auf unserer Webseite gilt die Maxime des gesamtes Buches: ***Ausprobieren***. Es kann nichts passieren. Sie sehen sich keinen versteckten Kostenfallen gegenüber. Tippen Sie sich durch die Seite, erfahren Sie, was es in der iPad Welt Neues gibt und nehmen Sie Kontakt zu uns auf.

Sie haben nun die meistbesuchten und informativsten Seiten im Internet kennengelernt. Denken Sie daran, dass Ihr iPad auf das Selbst-Ausprobieren ausgelegt ist. Wenn Sie einmal nicht mehr weiter kommen, wissen Sie, dass der Home-Button Sie wieder zurück zum Startbildschirm bringt und dass Sie uns jederzeit über unsere Webseite nach Rat fragen können.

iPod

iPod

Die Lieblingsmusik genießen

Die iPod App ist die Musikbibliothek Ihres iPad. Vielleicht haben Sie den Begriff schon in den Medien gelesen. Den iPod gibt es nicht erst seit Einführung des iPad, sondern er ist fest verbunden mit der Entwicklung der Firma Apple. Neben dem Programm iPod vertreibt Apple auch Musikabspielgeräte mit dem Namen iPod. Die Welt der iPods, der iPhones und der iPads ist zugegebenermaßen verwirrend, aber bald wird die Unterscheidung für Sie kein Problem mehr sein. Wahrscheinlich kennen Sie viele Menschen in Ihrer Umgebung, die ein iPhone Handy besitzen, und andere, die mit dem iPod im Ohr auf ihrer Joggingstrecke unterwegs sind.

Der iPod App Startbildschirm ist in vier Teile gegliedert. Ganz oben finden Sie die ***Musikwiedergabeleiste*** 1 **.** Von hier aus können Sie steuern wie ***laut*** 2 Sie Musik hören wollen, ***Wiedergabe und Pause*** 3 festlegen, ***vor- und zurückspulen*** 4 und nach einzelnen Titeln in Ihrer Bibliothek ***suchen*** 5 .

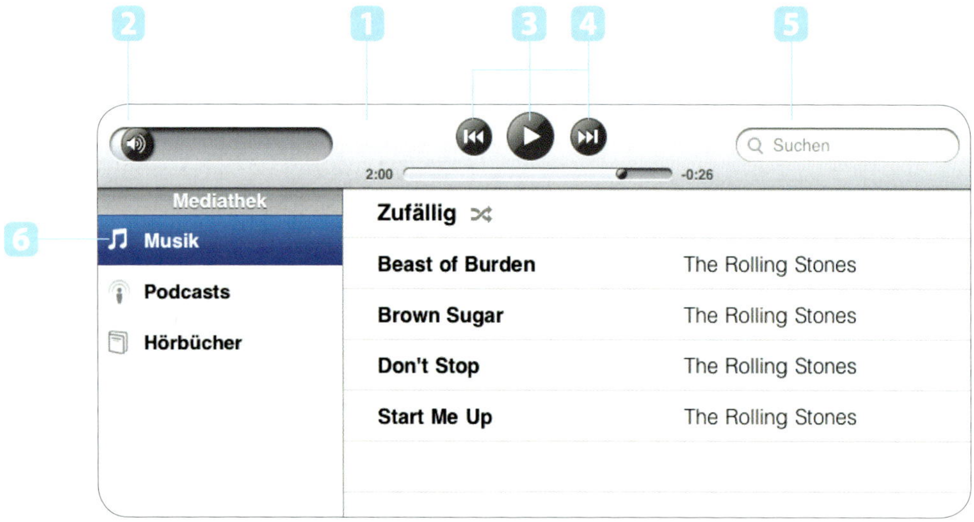

In der linken Spalte finden Sie die unterschiedlichen Medientypen. Über die iPod App können Sie sowohl normale ***Musik*** als auch ***Podcasts*** und ***Hörbücher*** abspielen.

Während der Begriff Hörbücher noch einleuchtend ist, möchte ich Ihnen erklären, was sich hinter dem Wort Podcasts versteckt. Podcasts können Sie sich am besten anhand eines Zeitungsabonnements vorstellen. Nehmen wir an, Sie mögen einen Kabarettisten, der auf seiner Webseite regelmäßig einen kurzen Ausschnitt aus seinem Programm zur Verfügung stellt. Podcasts erlauben Ihnen nun, diesen Inhalt automatisch zu beziehen, ohne jedes Mal die Webseite des Künstlers besuchen zu müssen. Allerdings ist zu beachten, dass dies nicht bei allen Audioinhalten funktioniert. Der Künstler muss eine Technologie verwenden, die es dem Nutzer erlaubt, seine Inhalte zu abonnieren oder automatisch zu beziehen. Da man bei Podcasts den Inhalt zu sich kommen läßt und nicht den Inhalt suchen muss, sind sie vor allem Eines: sehr praktisch.

In der rechten Spalte finden Sie eine Auflistung der auf dem iPad verfügbaren Musikstücke in den einzelnen Rubriken. Wie Sie Stücke auf Ihrem iPad speichern oder wieder löschen, dazu kommen wir später.

Wenn Sie in der linken Spalte ***Musik*** 6 tippen, wird diese Rubrik blau unterlegt und Sie bekommen in der unteren Spalte mehrere Optionen für die ***Sortierung*** Ihrer Musikstücke angezeigt. Ganz links können Sie über das ***Plus-Zeichen*** 7 eine ***Neue Wiedergabeliste*** anlegen.

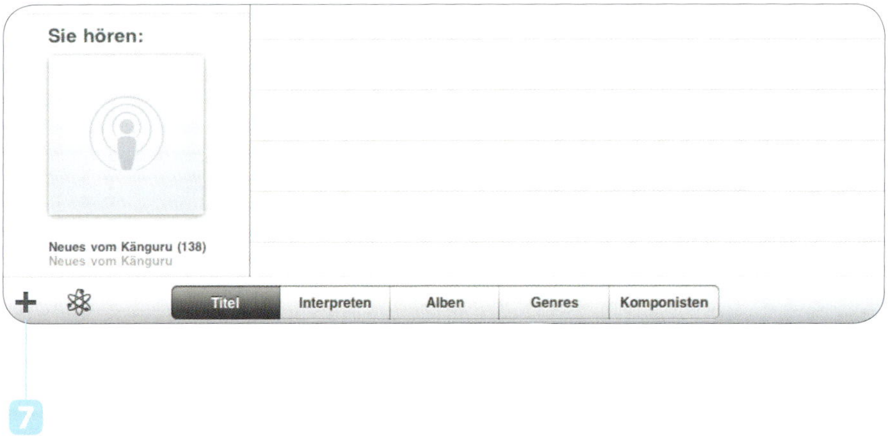

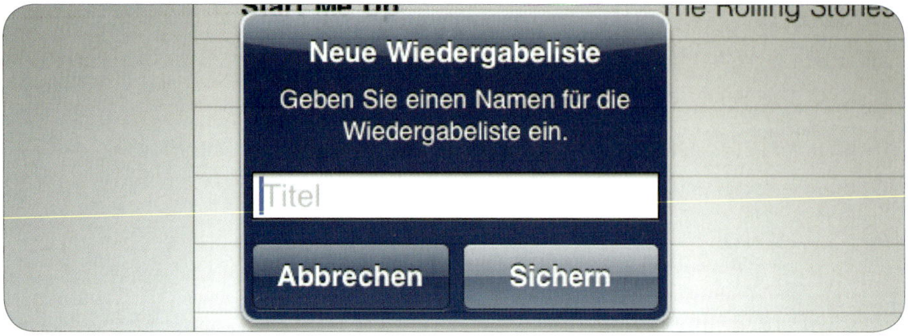

Geben Sie Ihr einen Namen und fahren Sie über ***Sichern*** fort. Sie bekommen nun sofort Ihre komplette Musikbiliothek angezeigt und können über das ***Pluszeichen*** 1 nach Wunsch Musikstücke zur Wiedergabeliste hinzufügen. Mit ***Fertig*** 2 gehen Sie wieder zurück zum Startbildschirm.

Sie sehen nun die ***Wiedergabeliste*** 3 in der linken Spalte und können durch tippen auf einen Titel in der Wiedergabeleiste die Wiedergabe starten. Wenn Sie wollen, dass Ihre Titel in zufälliger Reihenfolge abgespielt werden, tippen Sie auf ***Zufällig*** 4 . Sobald Sie Musik, einen Podcast oder Hörbücher abspielen, bekommen Sie in der Bearbeitungsleiste ein ***weißes Dreieck*** 5 angezeigt. Wenn Sie dieses Dreieck sehen, aber doch nichts hören können, liegt das entweder daran, dass Sie vergessen haben Ihre Kopfhörer anzuschließen oder dass die Lautstärke zu gering eingestellt ist. Möchten Sie an einer fortgeschrittenen Stelle in ein Musikstück einsteigen, dann bewegen Sie in der ***Fortschrittsanzeige*** 6 den grauen Punkt. Bei einem Tippen auf das ***Albumcover*** 7 gelangen Sie in den Vollbildmodus.

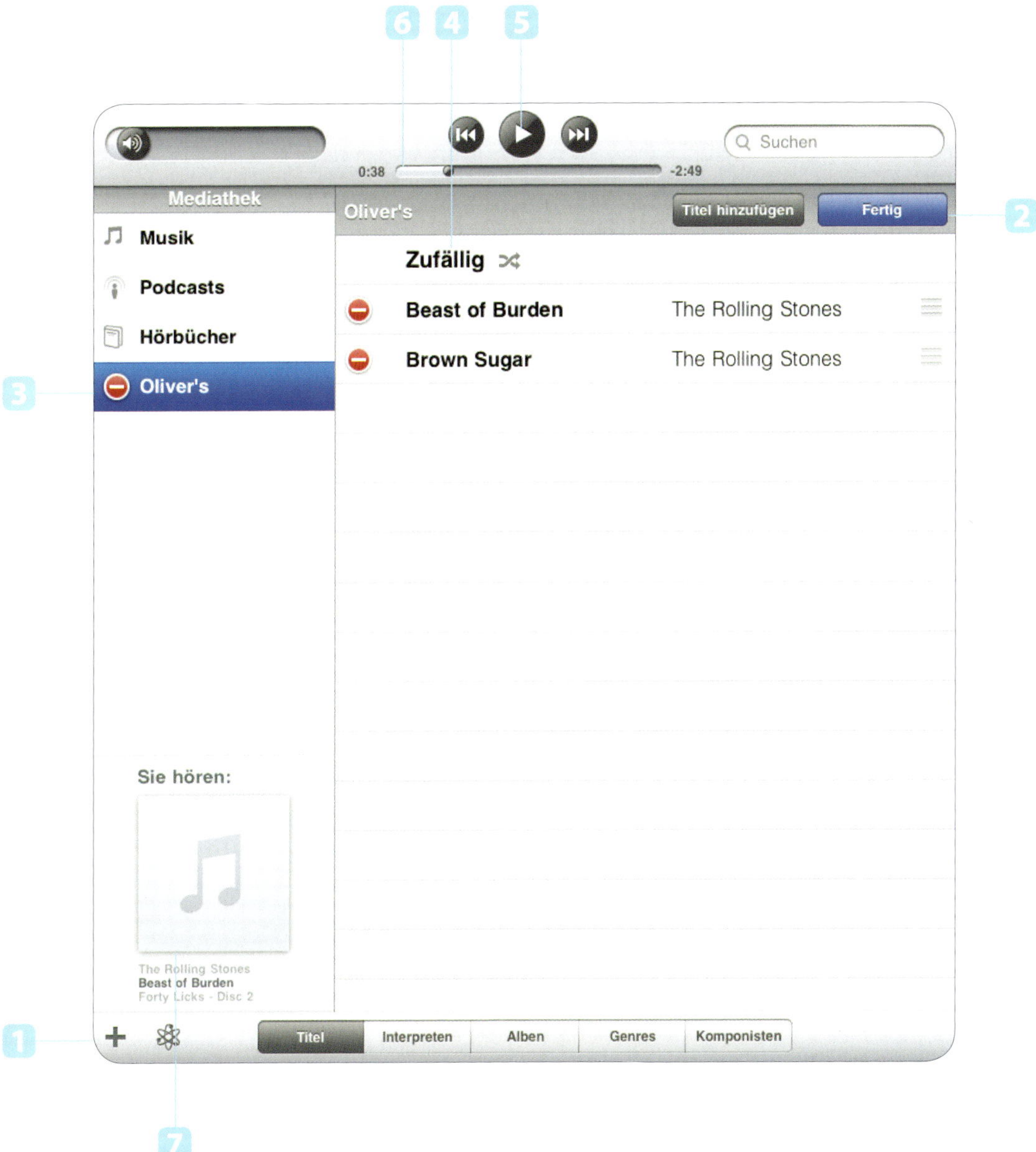

Tippen Sie kurz auf den Bildschirm, um die ***Wiedergabeleiste*** 1 angezeigt zu bekommen. Die Wiedergabeelemente funktionieren absolut identisch. In dieser Anzeige wechseln Sie mit der rechten unteren Taste von der Albumcover Darstellung zur ***Wiedergabelisten Darstellung***.

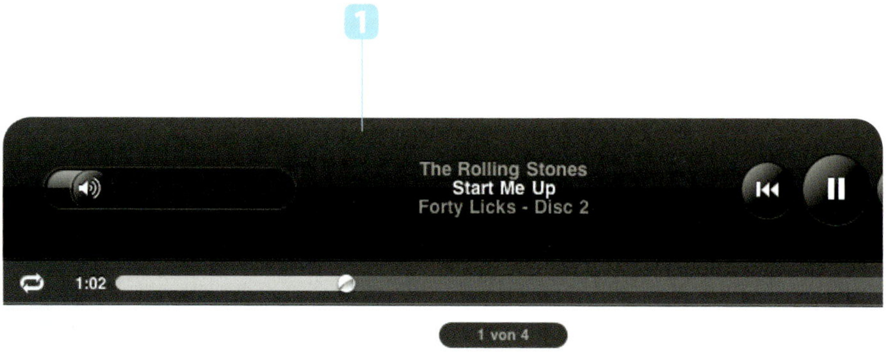

Durch den ***Pfeil*** 2 kommen Sie wieder zum iPod Startbildschirm.

An dieser Stelle noch einige Worte zur Audiowiedergabe mit dem iPad: Um Audioinhalte wiederzugeben, müssen Sie sich nicht in der iPod App direkt befinden. Sie können getrost die Musik spielen lassen und andere Funktionen Ihres iPads nutzen. Trotzdem ist es Ihnen möglich, sehr flink auf die Bedienelemente Ihres iPods zuzugreifen.

MÖGLICHKEITEN DER IPOD STEUERUNG

MITTEL	FUNKTION
Lautstärkeregler an der rechten Seite des iPad	*Laut/leiser, bei langem Drücken nach unten sofort leise.*
Laustärkeregler eines Zubehörkopfhörers	*Laut/leise, Pause.*
Multitasking-Leiste	*Laut/leiser, Pause, Vor- und Zurück, iPod Schnellzugriff.*

Über die Qualität der externen Lautsprecher wird in der Fachpresse viel diskutiert. Unabhängig von der Qualität des eingebauten Lautsprechers kann ich Ihnen den Original Apple-Kopfhörer mit Bedienung besonders für den Musikgenuss ans Herz legen. Im Kapitel Videotelefonie mit dem iPad werden Sie sehen, dass er eine sinnvolle Anschaffung ist.

TIPP:

Alle momentan laufenden Apps müssen von Ihrem iPad mit Leistung versorgt werden. Dies belastet die Geschwindigkeit des Gerätes. Finden Sie einige Apps in der Multitaskingleiste, die eigentlich nicht mehr aktiv sein müssten, so schließen Sie diese.

1. Tippen Sie einmal lange auf eine beliebige App, bis alle Apps anfangen zu wackeln und mit einem ***roten Minuszeichen*** 1 versetzt werden.

2. Tippen Sie einfach auf das Minuszeichen der App, die Sie beenden wollen.

Dies bedeutet wirklich nur, dass die App vorerst geschlossen wird. Sie können sie jederzeit wieder aufrufen. Wenn Sie sich doch entscheiden, keine der Apps zu schließen, drücken Sie den Home-Button, um das Wackeln zu beenden.

An dieser Stelle möchte ich Ihnen die vorhin angesprochene Multitasking-Leiste noch genauer vorstellen. Tippen Sie dazu zunächst doppelt auf den Home-Button. Eine ***graue Leiste*** 2 am unteren Bildschirmrand öffnet sich. Diese Leiste ist nicht beschränkt auf das, was Sie angezeigt bekommen. Wischen Sie nach rechts und links und Sie bekommen alle Apps angezeigt, die im Moment aktiv sind. Um zur iPod Steuerung zu gelangen, wischen Sie nach rechts. In dieser Anzeige können Sie auch gleichzeitig die ***Bildschirmhelligkeit*** 3 einstellen. Durch Tippen des ***iPod App Symbols*** 4 gelangen Sie direkt wieder in Ihre Musikbibliothek. Möchten Sie lieber in eine andere App wechseln, so wischen Sie zu dieser und tippen darauf.

Photobooth & Kamera

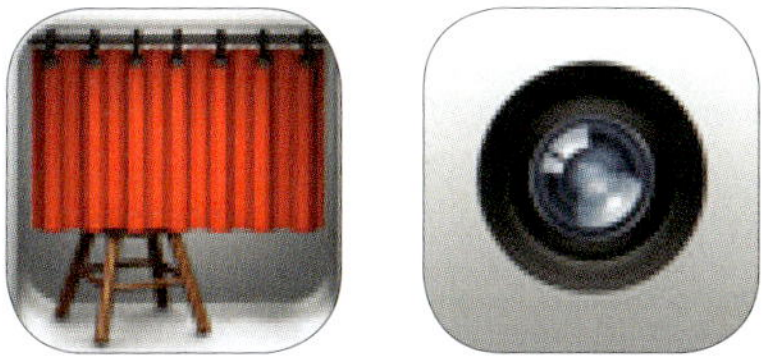

Die eingebaute Kamera nutzen

PHOTO BOOTH

Photo Booth bedeutet übersetzt Passbildautomat und dient hauptsächlich der Erstellung von lustigen Schnappschüssen, die mit verschiedenen Bildeffekten bereichert werden können. Die angebotenen Effekte stellen den Hauptunterschied von Photo Booth zu Kamera, einer weiteren auf dem iPad angebotenen Foto-Bilderstellungsapp dar. Auf die Kamera kommen wir im nächsten Kapitel zu sprechen. Starten Sie vom Startbildschirm aus nun die Photo Booth App.

Nachdem der rote Vorhang für Sie geöffnet wird, bekommen Sie neun verschiedene ***Effekte*** 1 zur Auswahl, darunter der normale Modus in der Mitte. Wählen Sie einen Modus aus, indem Sie einmal auf das entsprechenede Feld tippen. Entscheiden Sie nun über das ***Kamerasymbol*** 2, ob Sie mit der Vorder- oder mit der Hinterkamera fotografieren wollen. Bei dieser Wahl sollten Sie neben Komfortgesichtspunkten bedenken, dass die Hinterkamera qualitativ bessere Bilder aufzeichnen kann.

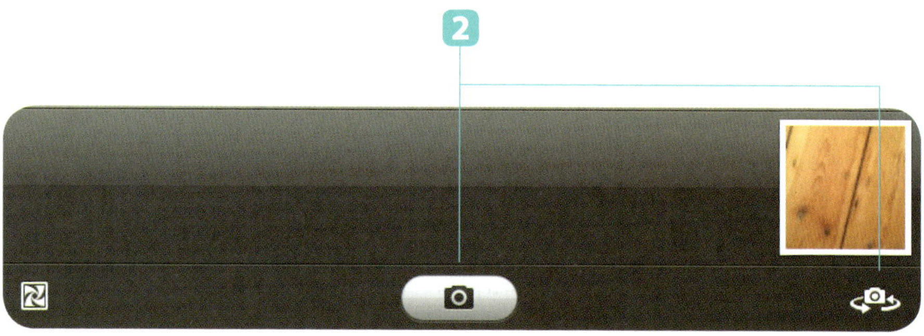

1

Wärmebildkamera
Spiegel
Röntgen
Kaleidoskop
Normal
Lichttunnel
Quetschen
Wirbeln
Strecken

Haben Sie sich für eine Perspektive entschieden, richten Sie Ihre Kamera aus und fotografieren Sie, indem Sie ***Auslösen*** 1 drücken. Die ***Miniaturbildleiste*** 2 zeigt Ihnen Ihre aufgenommenen Bilder. Für die Großansicht, tippen Sie das gewünschte Bild an und zoomen Sie nach Belieben mit den Fingern Zwicken und Doppeltippen. Mit Wischen gelangen Sie zu den vorderen oder nächsten Bildern. Durch ein einfaches Tippen auf das Bild gelangen Sie wieder zurück zur Übersichtsseite.

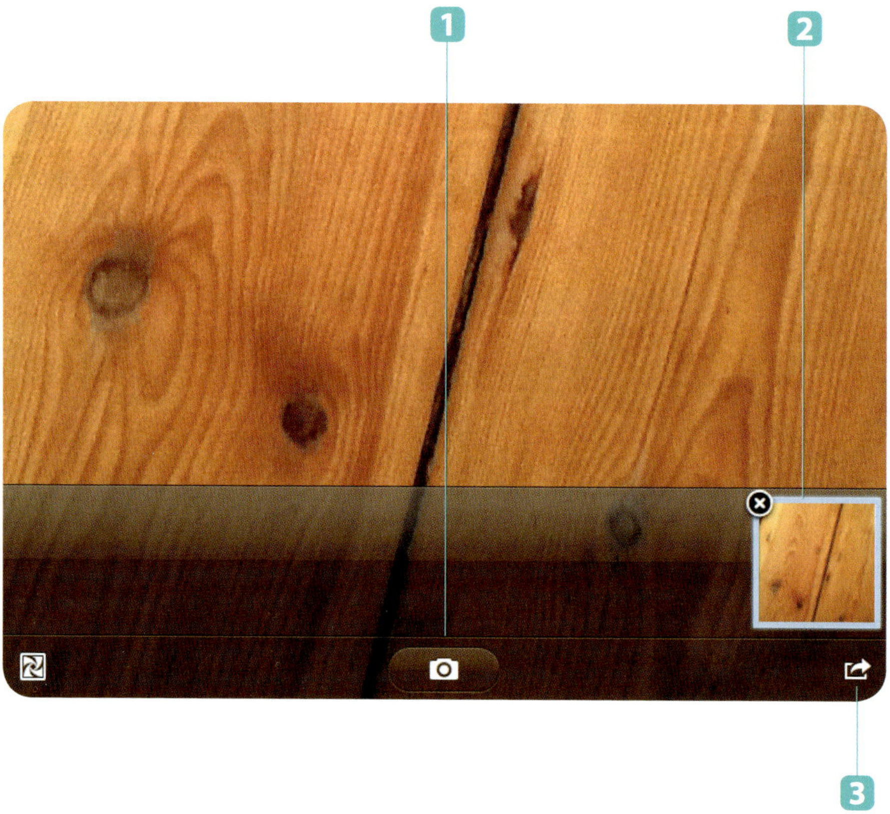

Wenn Sie ein Bild in der Miniaturbildleiste markiert haben, können dies über den ***Pfeil*** 3 weiter verarbeiten. Die angebotenen Optionen schließen ***E-Mail, Kopieren und Löschen*** 4 ein. Diese Optionen werden allerdings erst aktiv, wenn Sie noch einmal auf Ihr gewünschtes Bild tippen. Der Rand des Bildes färbt sich weiß, ein blaues Häkchen erscheint, und das Bild wird grau unterlegt.

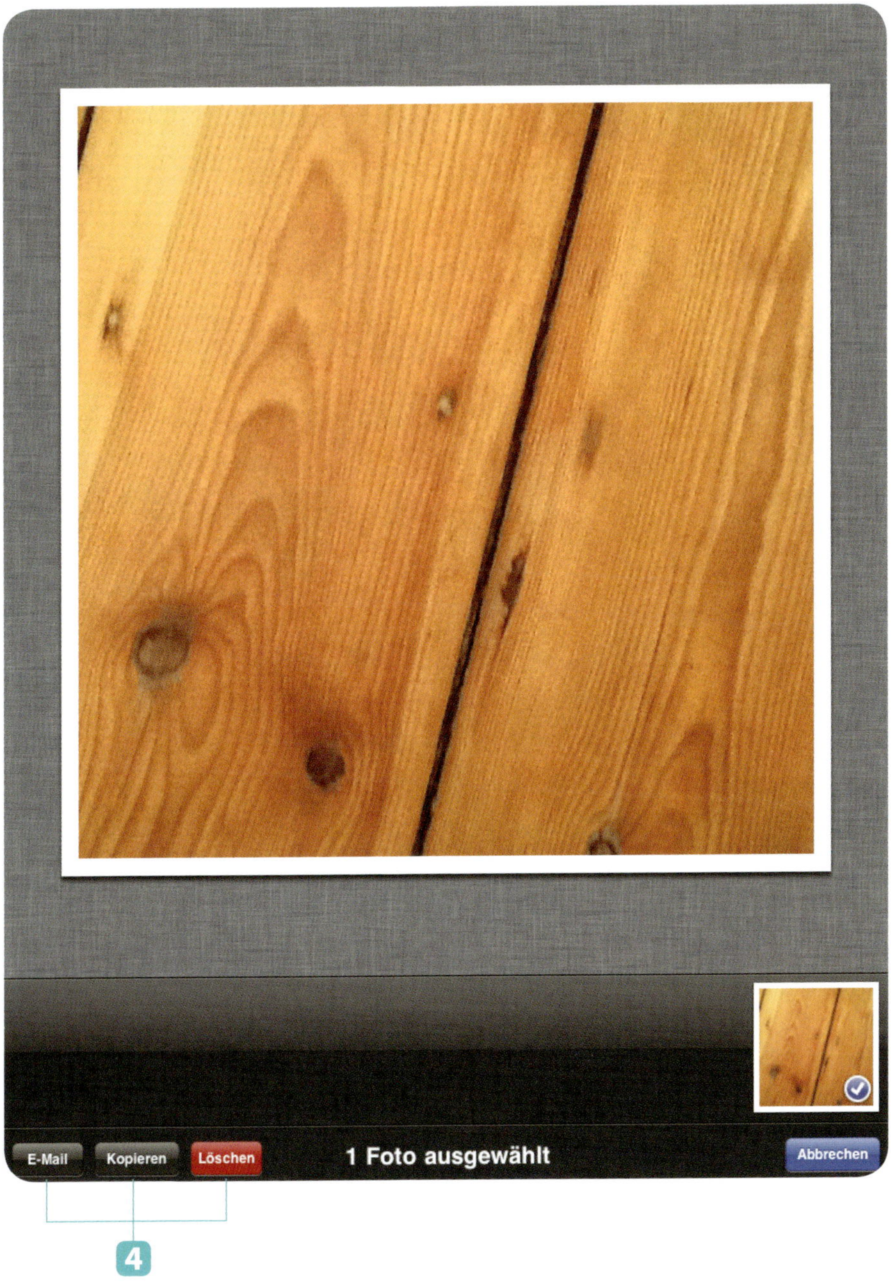

Die Option ***E-Mail*** bietet Ihnen wie in der App Fotos auch hier wieder die Möglichkeit, ein von Ihrem iPad aufgenommenes Foto direkt an Freunde zu schicken. Tippen Sie auf ***E-Mail***, um in Ihre Mail App zu wechseln, den Empfänger einzugeben und den Text zum Bild zu verfassen.

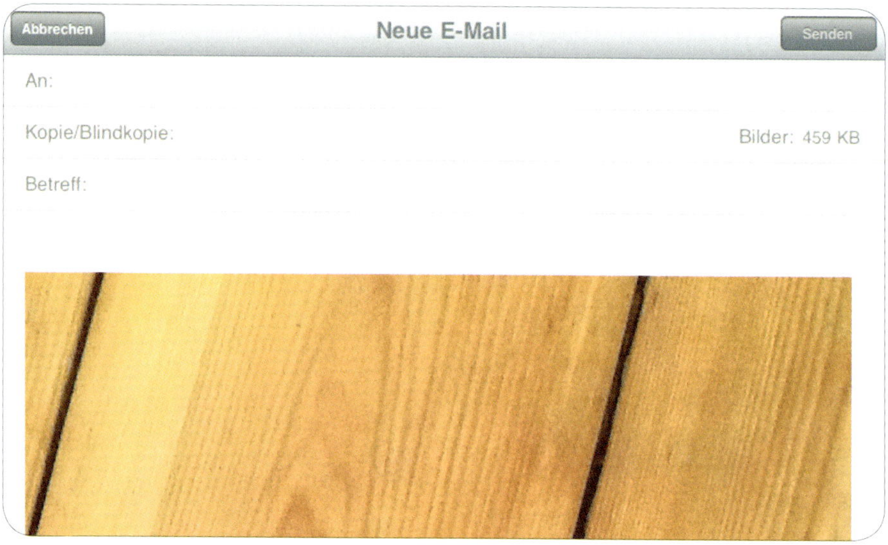

Auch wenn Photobooth mit den einzelnen Effekten etwas verspielt erscheint, lohnt es sich, die einzelnen Effekte auszuprobieren um zu sehen, welche Bilder damit möglich sind. Wer nichts von Fotoeffekten hält, sondern lieber zum unveränderten Bild greift, ist mit der Kamera App sicherlich besser beraten.

KAMERA

Die Kamera App ist genauso wie Photobooth eine App, um Fotos zu erstellen. Die Kamera bietet Ihnen darüber hinaus die Möglichkeit kurze Videos aufzuzeichnen. Wie funktioniert das nun im Einzelnen?

- *Rufen Sie die Kamera-App über den Startbildschirm auf.*
- *Entscheiden Sie sich, ob Sie ein **Foto** 1 schießen oder ein **Video** 2 drehen wollen.*
- *Entscheiden Sie sich für die **Vorder- oder Hinterkamera.***
- *Tippen Sie auf **Auslösen** 3 , wenn Sie die richtige Position gefunden haben.*
- *Tippen Sie auf die kleine **Bildvorschau** 4 , um die weiteren Bildbearbeitungsoptionen angezeigt zu bekommen und um automatisch in die Fotos-App Umgebung weitergeleitet zu werden.*

- *Versenden Sie das Bild per **E-Mail** 6 oder verwenden Sie es als neues **Hintergrundbild** 7 auf Ihrem iPad Startbildschirm.*

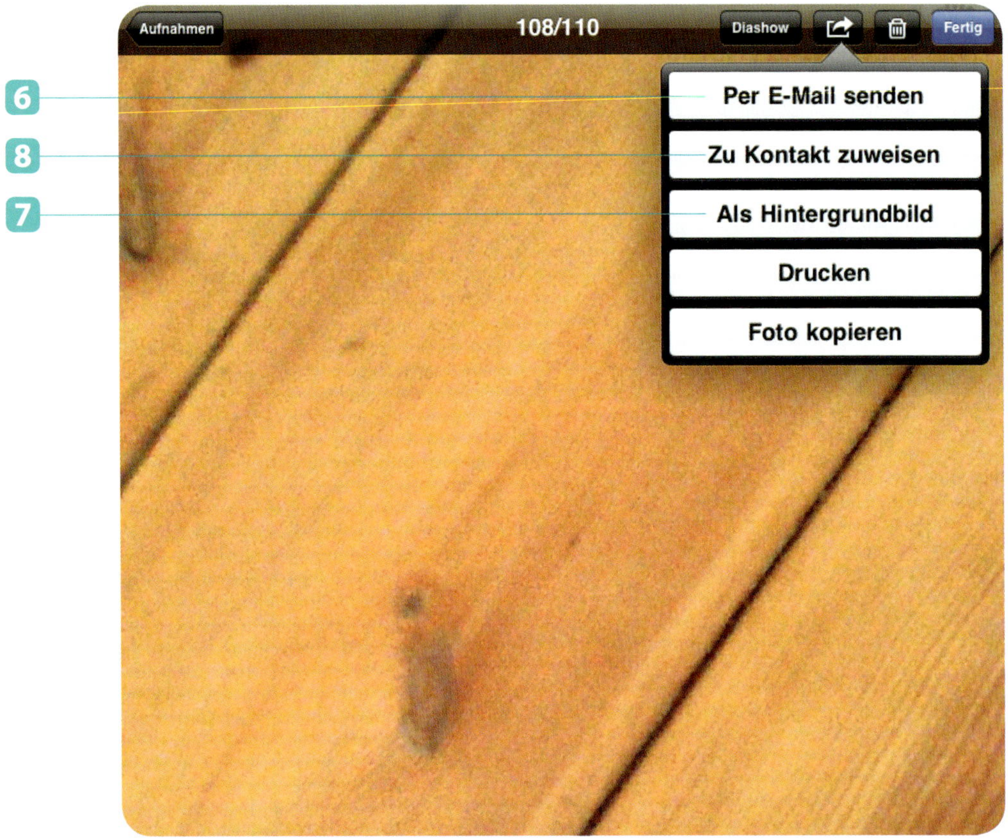

- *Über **Zu Kontakt zuweisen** 8 können Sie erstellte Bilder auch Ihren Kontakten im Adressbuch zuweisen.*

- ***Bewegen und Skalieren** 9 können Sie Ihr Bild über die bereits bekannten Fingerbewegungen. Der helle Ausschnitt wird für das Adressbuch verwendet.*

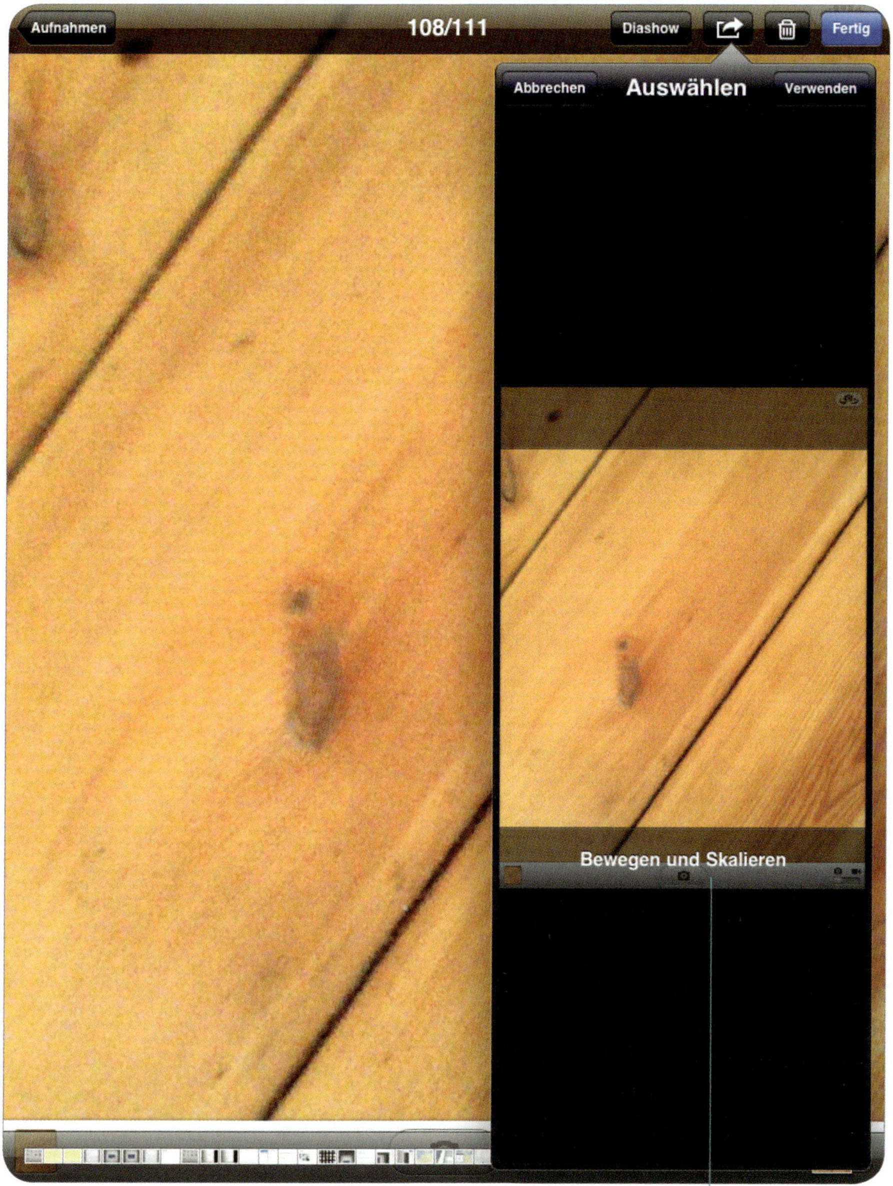
Aufnahmen
108/111
Diashow
Fertig
Abbrechen
Auswählen
Verwenden
Bewegen und Skalieren

9

Karten

Karten

Die Welt digital überblicken

- *Adressensuche und Routenplaner*
- *Kontakte aus dem Adressbuch aufrufen*

Die App ***Karten*** hat mich am meisten fasziniert, als ich das iPad das erste Mal in meinen Händen hielt. Hier kommt die einfache Steuerung über die Finger am besten zum Einsatz. Besonders das Zwicken kann man auf den Karten prima zum Ein- und Auszoomen verwenden.

KARTEN ZUR ADRESSENSUCHE UND ALS ROUTENPLANER VERWENDEN

Karten bietet zwei wesentliche Funktionen: Zum einen können Sie sich über ***Karten*** eine beliebige Adresse auf der Welt einfach nur anzeigen lassen, zum anderen besitzt ***Karten*** die Funktion eines Routenplaners, mit dessen Hilfe Sie sich dann auch zu dieser Adresse lotsen lassen können.

Diese Funktionen rufen Sie über die Bearbeitungsleiste ***Suchen*** 1 und ***Route*** 2 ab. Des Weiteren können Sie sich über den ***Pfeil*** 3 Ihren momentanen Standort, sofern Sie mit dem Internet verbunden sind, anzeigen lassen. Das ***Buchsymbol*** 4 bringt Ihr Adressbuch ins Spiel.

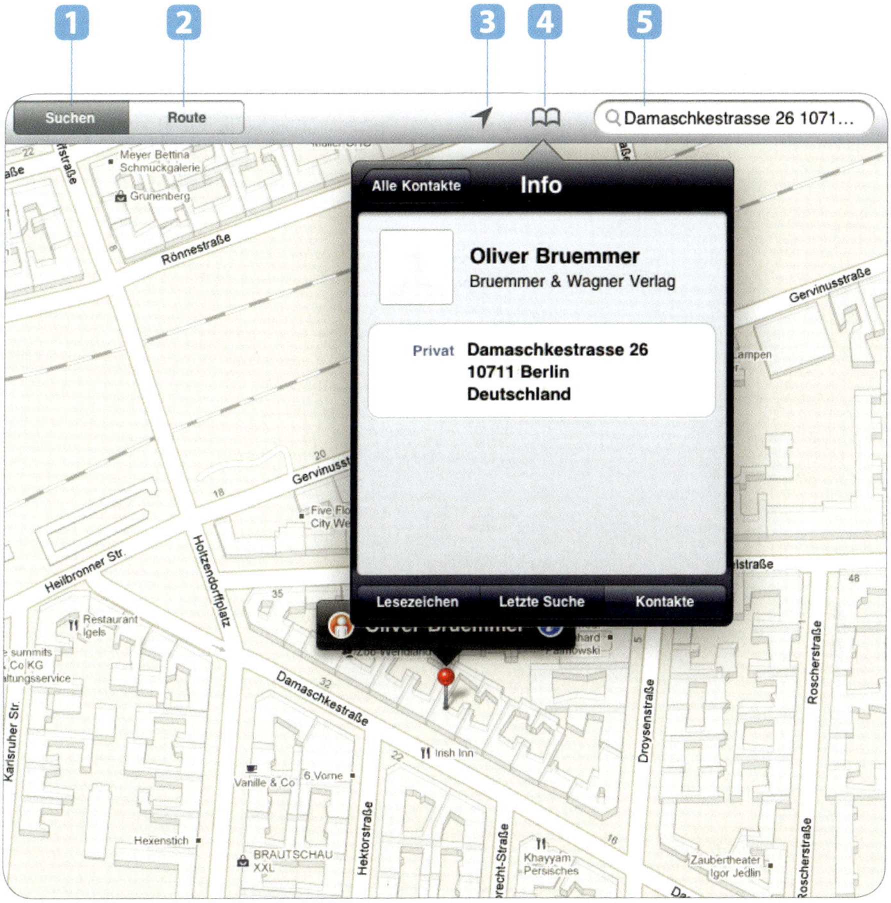

Haben Sie geografische Adressen für Ihre Kontakte abgespeichert, so können Sie sich diese direkt in Karten anzeigen lassen und nach Bedarf auch die Strecke dorthin berechnen und abbilden lassen. Über das ***Suchfenster*** 5 finden Sie jede Adresse, die Sie interessiert.

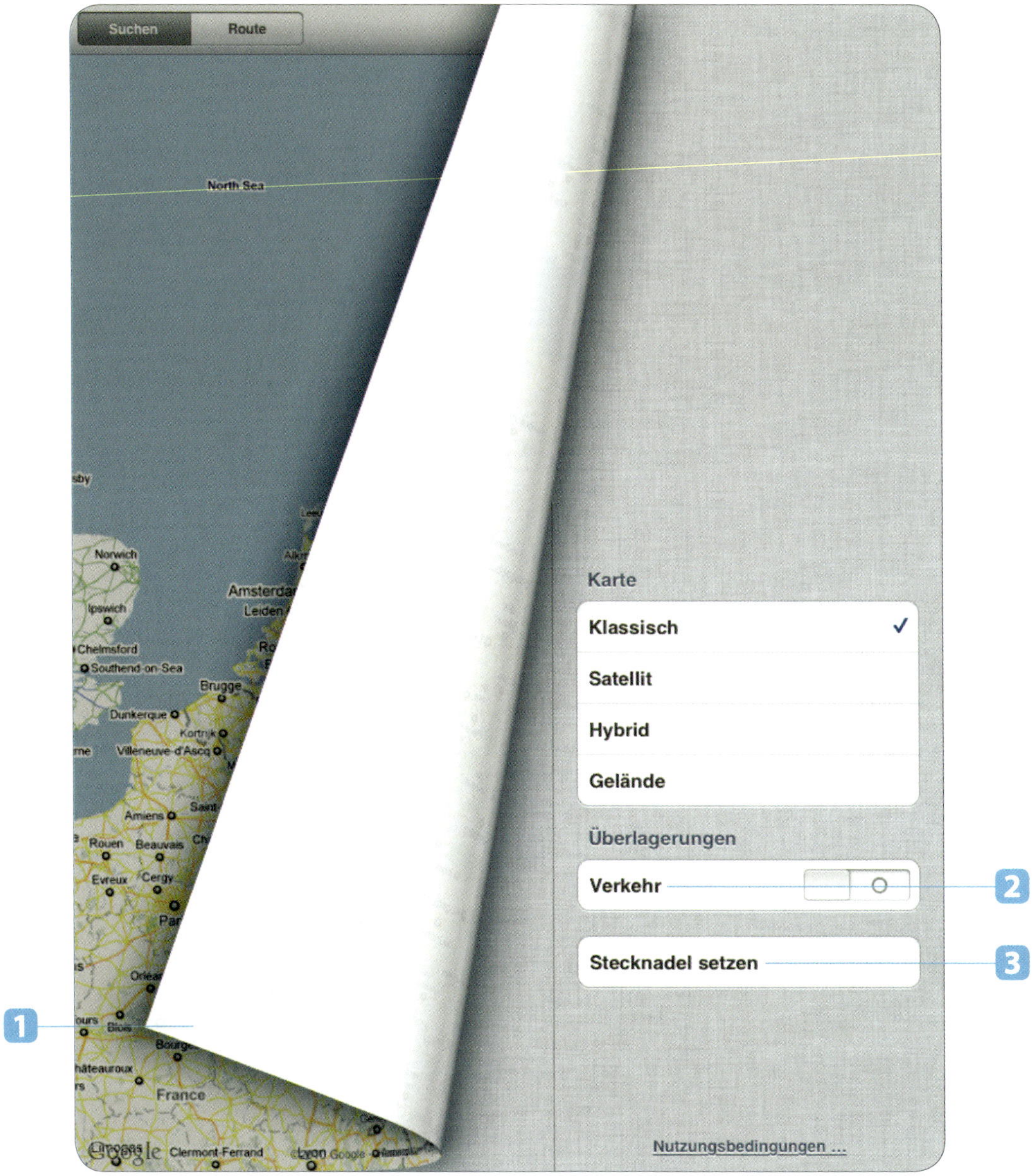

Tippen Sie auf das rechte untere Eck 1 des Startbildschirms von ***Karten***, öffnet sich eine grau unterlegte Spalte mit weiteren Optionen für die Einstellung von Karten. Testen Sie die unterschiedlichen Kartendarstellungsweisen und finden Sie heraus, welche Ihnen am besten zusagt. Wenn Sie die Option ***Verkehr*** 2 öffnen, werden Ihnen Verkehrsmeldungen in der Karte eingeblendet. Mit der ***Stecknadeloption*** 3 können Sie, ohne den Ort per Tastatur einzugeben, über den Finger auf der Karte einen Ort festlegen und ihn in Ihre Planungen miteinbeziehen. Zur Ausgangskarte von Deutschland kommen Sie jederzeit zurück, indem in das ***Suchfenster*** *Deutschland* eingeben und mit der Fingerbewegung Zwicken das Bild Ihren Wünschen anpassen. Ob Sie die Anzeige im Horizontal- oder im Vertikalformat verwenden, ist auch an dieser Stelle wieder von Ihrer Präferenz abhängig. Allerdings kann es ratsam sein, besonders in ***Karten*** die bevorzugte Bildschirmausrichtung zu sperren.

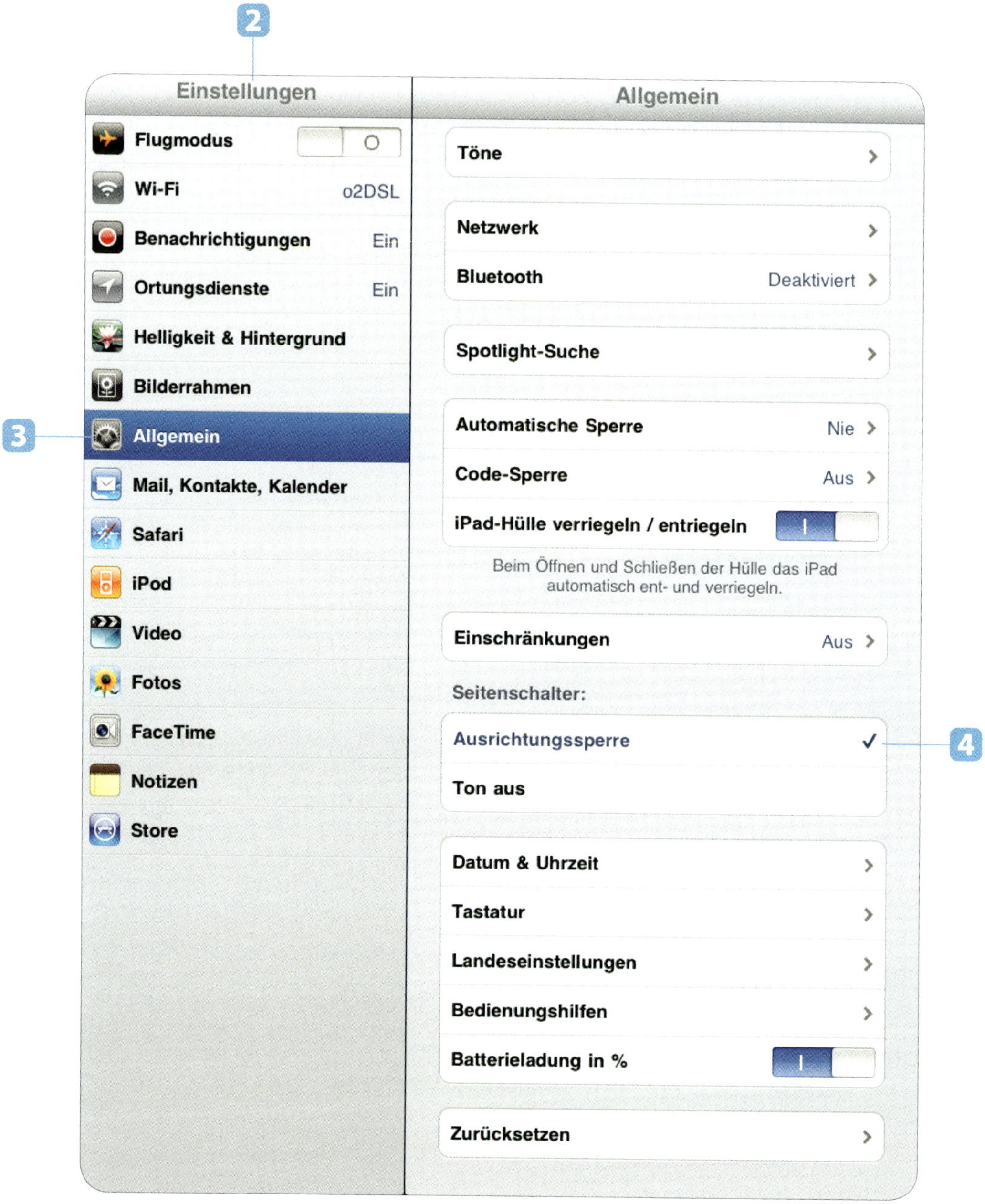
2
Einstellungen
Flugmodus
Wi-Fi
o2DSL
Benachrichtigungen
Ein
Ortungsdienste
Ein
Helligkeit & Hintergrund
Bilderrahmen
3
Allgemein
Mail, Kontakte, Kalender
Safari
iPod
Video
Fotos
FaceTime
Notizen
Store
Allgemein
Töne
Netzwerk
Bluetooth
Deaktiviert
Spotlight-Suche
Automatische Sperre
Nie
Code-Sperre
Aus
iPad-Hülle verriegeln / entriegeln
Beim Öffnen und Schließen der Hülle das iPad automatisch ent- und verriegeln.
Einschränkungen
Aus
Seitenschalter:
Ausrichtungssperre
4
Ton aus
Datum & Uhrzeit
Tastatur
Landeseinstellungen
Bedienungshilfen
Batterieladung in %
Zurücksetzen

In ***Karten*** kann es häufig passieren, dass sich der Bildschirm von einer Ausrichtung zur anderen dreht. Diesem andauernden Wechsel entgehen Sie, indem Sie den Bildschirm sperren. Für eine ***Bildschirmsperrung*** gehen Sie wie folgt vor:

1. *Gehen Sie über den **Home-Button** auf den **Startbildschirm**.*
2. *Tippen Sie auf **Einstellungen**.*
3. *Gehen Sie links auf die Rubrik **Allgemein**.*
4. *Aktivieren Sie unter **Seitenschalter** die Option **Ausrichtungssperre**.*
5. *Wenn Sie nun den **Schieberegler** an der rechten Seite Ihres Gerätes betätigen, können Sie die Bildschirmausrichtung sperren. Die Bestätigung wird auf dem Bildschirm eingeblendet und in der Bearbeitungsleiste wird das Symbol von nun an angezeigt:*

KONTAKTE AUS DEM ADRESSBUCH AUFRUFEN

Die interessanteste Funktion von ***Karten*** bildet sicherlich der Abruf von Adressen direkt über Ihr Adressbuch. Probieren wir dies einmal anhand unserer Verlagsadresse aus, die ich in mein Adressbuch eingegeben habe:

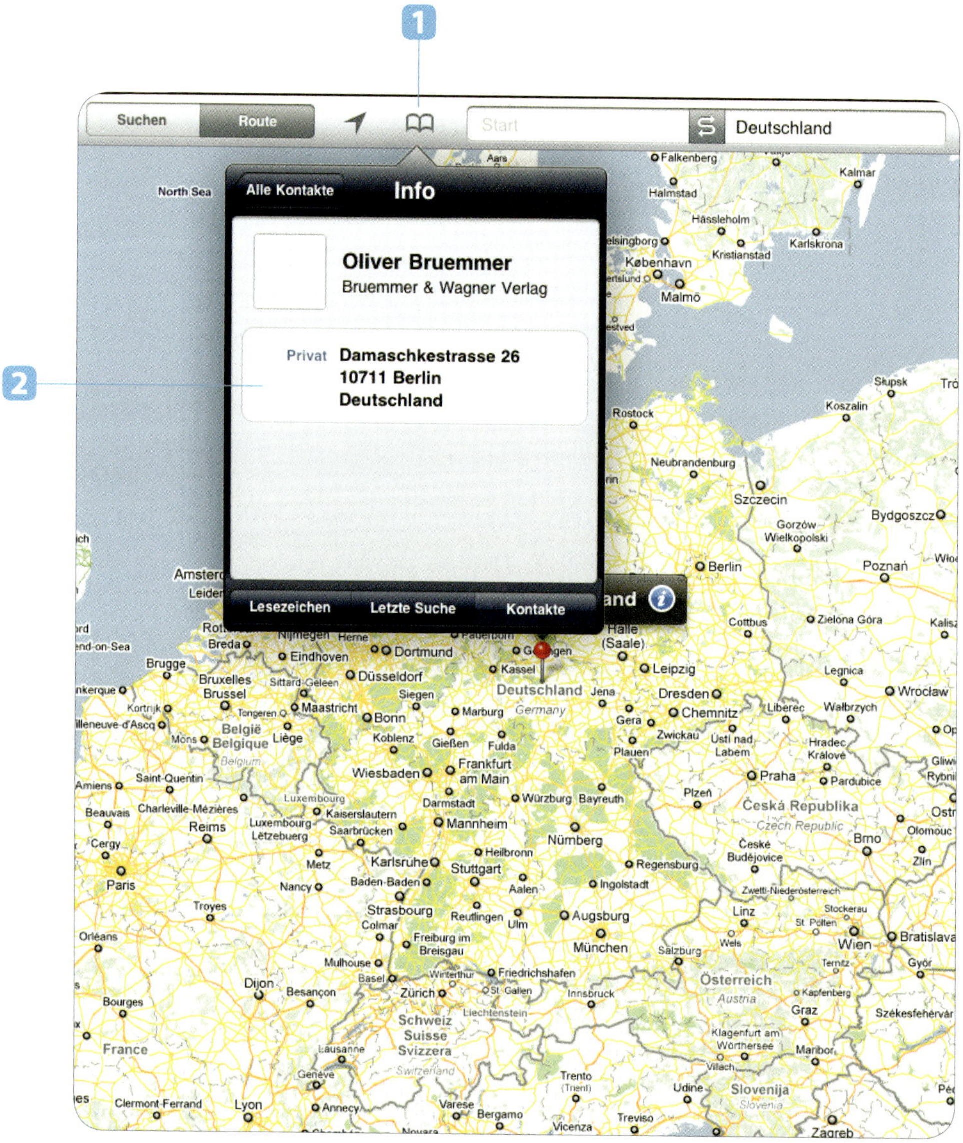

1 *Tippen Sie auf das* ***Adressbuchsymbol****.*

2 *Tippen Sie auf einen* ***Kontakt*** *und dann direkt auf dessen Adresse.*

3 *Sie bekommen den Standort des Kontaktes angezeigt:*

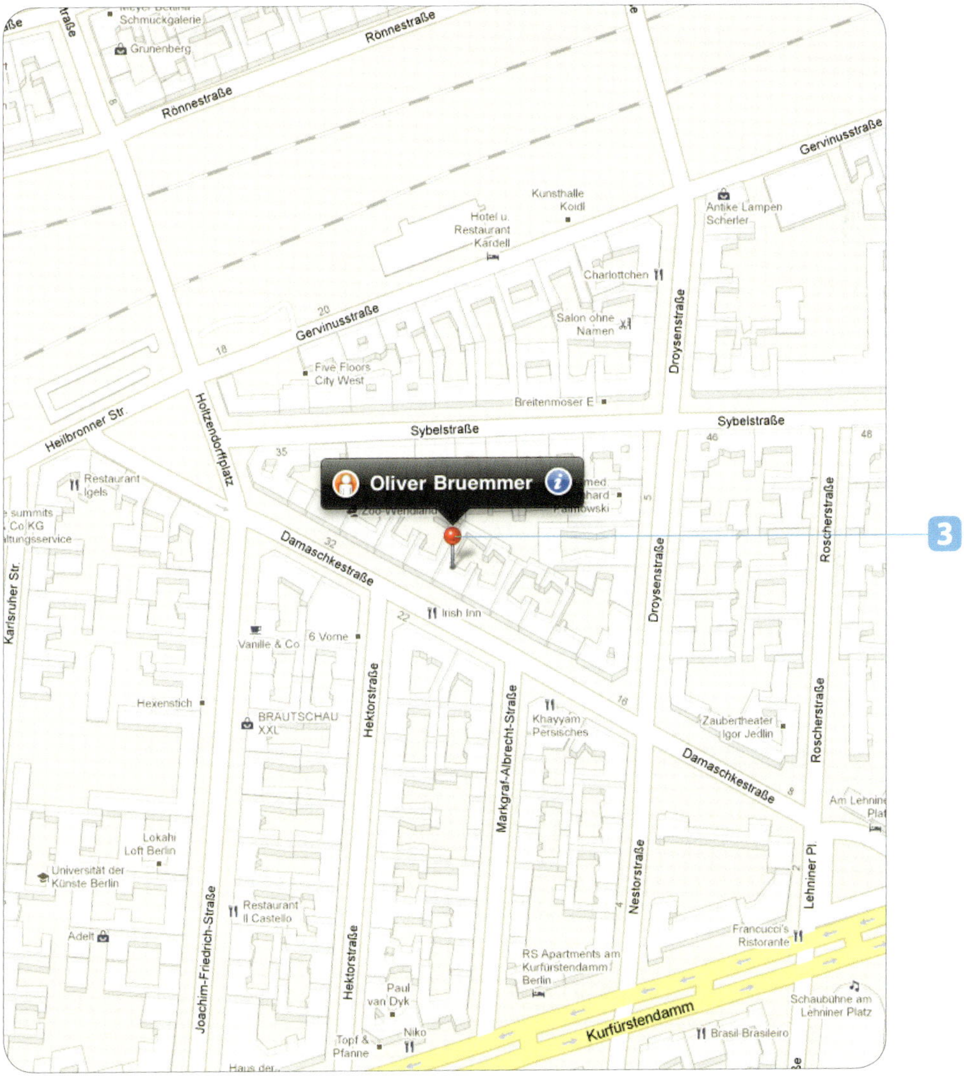

Sie haben nun die Möglichkeit vom ***Suchen*** in den ***Route Modus*** zu wechseln und sich einen Weg zu Ihrem Kontakt anzeigen zu lassen. Der Weg kann entweder mit dem ***Auto*** 1, mit den ***öffentlichen Verkehrsmitteln*** 2 oder ***zu Fuß*** 3 berechnet werden.

Wenn Sie ***Karten*** einige Mal für ***Suchen*** 4 verwendet haben, werden Sie sehen, dass Ihre Suche immer gespeichert wird und Sie ohne Probleme über das ***Suchfenster*** 5 auf die vergangenen Ergebnisse zurückgreifen können.

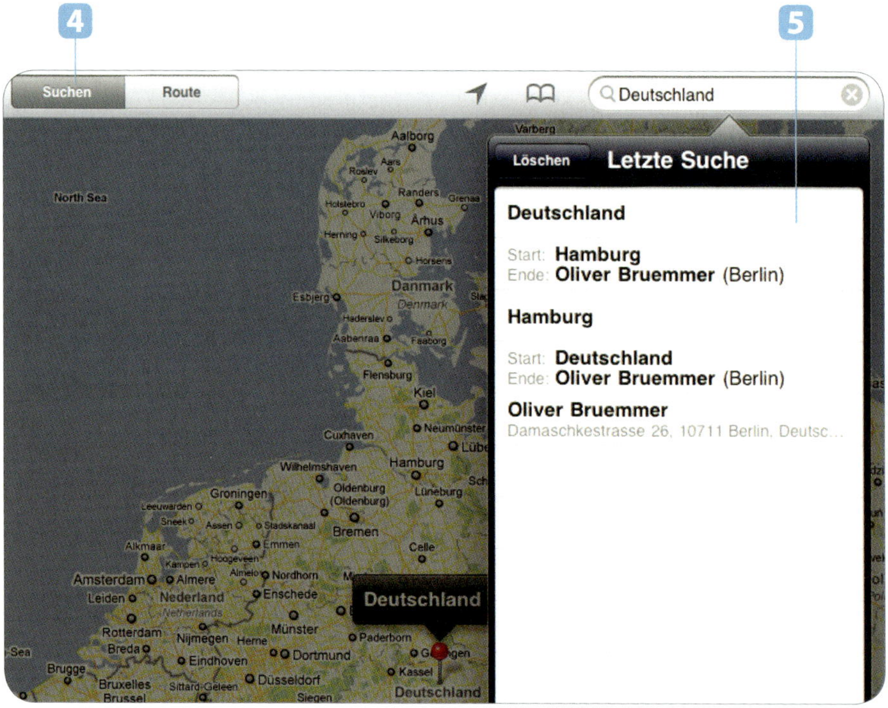

HINWEIS:

Sie werden in der Presse bestimmt schon von ***Google Street View*** gehört haben. ***Google Street View*** ist ein Projekt der Firma Google, das es sich zur Aufgabe gemacht hat, die Welt per Kamera aufzunehmen und im Internet real abzubilden. Das Projekt ist bisher nur für bestimmte Teile der Welt abrufbar. Wenn Sie aber nach einer Adresse in einer deutschen Großstadt suchen, haben Sie eine gute Chance, dass die Adresse schon über Google Street View erreichbar ist. Für die Suche gehen Sie folgendermaßen vor:

1 *Geben Sie einmal beispielhaft **Unter den Linden, Berlin** in Ihr **Suchfeld** ein und bestätigen Sie durch **Suchen** auf der Tastatur.*

2 *Sie bekommen nun mit einer Stecknadel angezeigt, wo sich die eingegebene Adresse in Berlin befindet.*

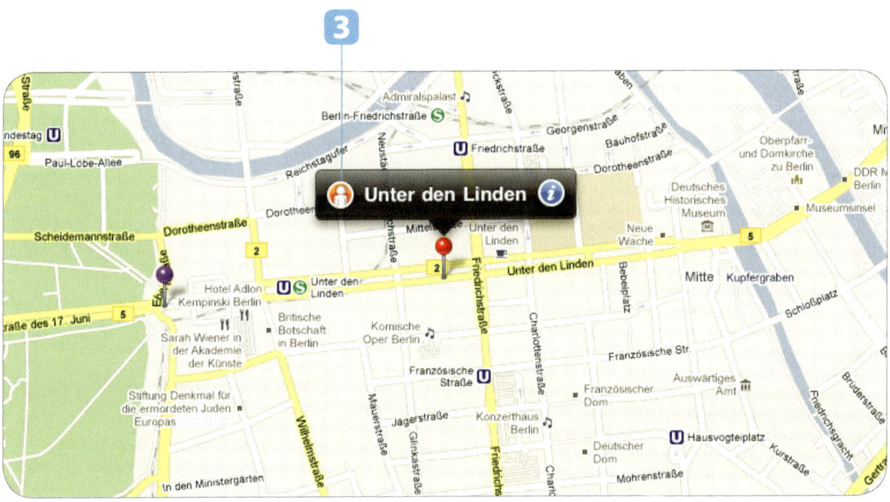

3 *Wenn Sie nun auf das **rote Symbol** links über der Stecknadel tippen, bringt Sie Karten in den sogenannten **Street View Modus**. Hier können Sie reale Bilder der gesuchten Adresse begutachten.*

4 *Navigieren Sie in dieser Ansicht über die gewohnten Fingerbewegungen. Der Pfeil auf der Strasse bringt Sie bei Tippen in der Anzeige voran.*

5 *Über den **Kreis** in der rechten unteren Bildschirmecke kommen Sie wieder zur gewohnten Anzeige.*

Unter den Linden
©2009 Google
Google

Fotos

- *Fotos betrachten und verarbeiten*
- *Bilder auf das iPad aufspielen*
- *Einstellungen zur Fotos-App*
- *Das iPad als elektronischer Bilderrahmen*
- *Einstellungen des Bilderrahmens*

Fotos ist eine hervorragende App, um Bilder zu betrachten, sie als Mail zu verschicken oder eine Fotodiashow mit Musikuntermalung für Freunde vorzubereiten.

FOTOS BETRACHTEN UND VERARBEITEN

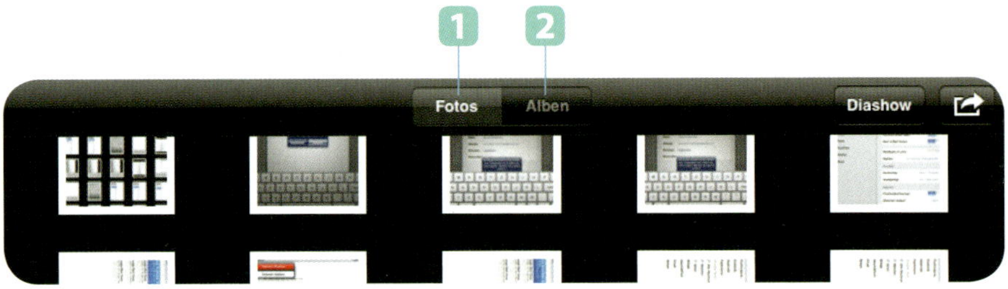

Die ***Bearbeitungsleiste*** zeigt Ihnen die zwei Modi ***Fotos*** 1 und ***Alben*** 2. Sind Sie im Fotos Modus, werden Ihnen die Bilder alle einzeln angezeigt.

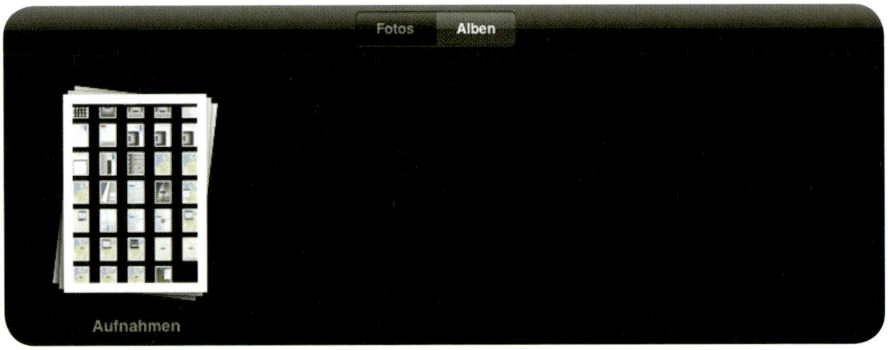

Im Alben Modus bekommen Sie Ihre Bilder in Stapeln dargestellt und in Alben zusammengefasst.

Mit der Taste ***Diashow*** 3 können aus ausgewählten Bildern unter Zuhilfenahme von verschiedenen Übergängen zwischen den Bildern und einer Begleitung durch Musik aus Ihrer Musikbibliothek ***iPod*** zum Beispiel eine Präsentation erstellen.

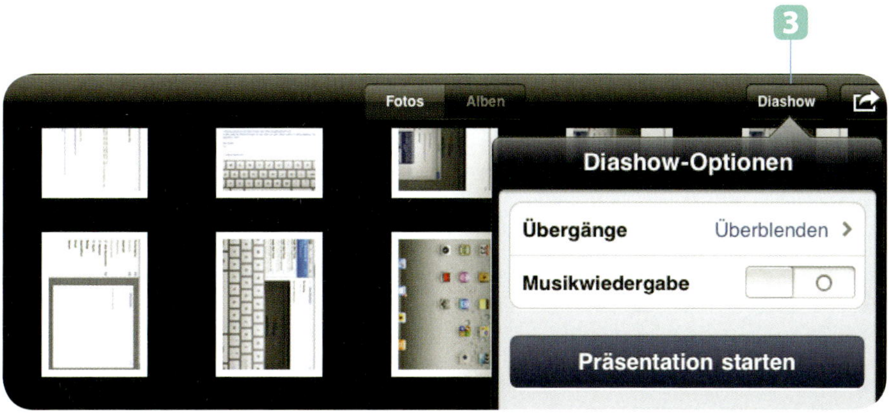

Der ***Pfeil*** 4, den Sie schon aus anderen Apps kennen, bietet die Optionen Bilder ***per E-Mail zu senden*** 5 ***, zu kopieren*** 6 ***, zu drucken*** 7 oder ***zu löschen*** 10.

Die Bearbeitungsleiste ändert sich, wenn Sie auf ein Bild tippen und dieses Ihnen in der Großansicht präsentiert wird. Die Bearbeitungsleiste wird nun nicht permanent angezeigt, sondern erscheint nur bei Bildschirmberührung. In dieser Ansicht bieten sich Ihnen die Optionen, wieder zurück zu allen Fotos zu gehen, direkt eine ***Diashow*** zu erstellen, das aufgerufene Bild ***per E-Mail zu senden***, es einem ***Kontakt aus Ihrem Adressbuch*** 8 zuzuweisen, es als ***Hintergrundbild*** 9 zu verwenden, es zu ***drucken*** oder das Foto zu ***kopieren***. Darüberhinaus können Sie das Foto auch direkt durch das ***Papierkorbsymbol*** 10 löschen.

Haben Sie mehrere Bilder in Fotos gespeichert, können Sie sich durch die Fingerbewegung Wischen nach rechts und links durch die Bilder bewegen.

Am unteren Ende des Bildschirms bekommen Sie eine Miniaturleiste aller Bilder eingeblendet. Für diese Miniaturleiste gilt das Gleiche wie für die Bearbeitungsleiste bei der Anzeige eines einzelnen Fotos: Sie wird immer wieder ausgeblendet und lässt sich durch kurzes Berühren des Bildschirms aufrufen.

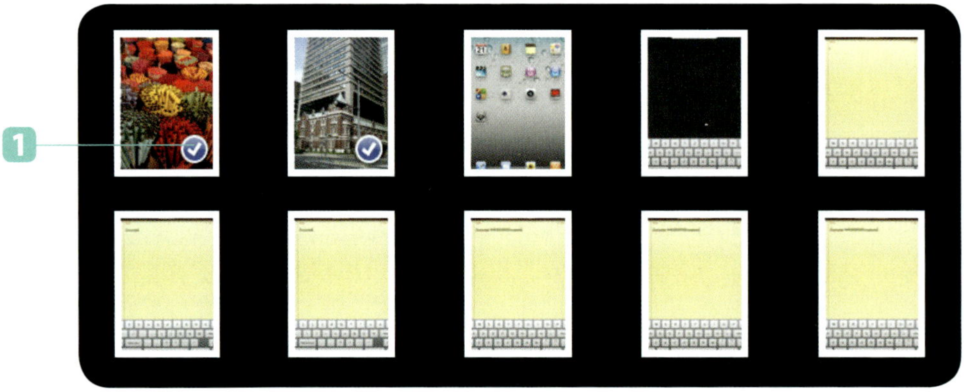

Wenn Sie im Foto-Modus auf den Pfeil tippen, bekommen Sie die Möglichkeit, einzelne Bilder auszuwählen und diese dann gesammelt zu verarbeiten. Sobald Sie ein Bild oder mehrere Bilder markiert haben, erscheint ein ***blauer Haken*** 1 und die Bearbeitungsleiste wird nicht mehr in grau angezeigt, sondern mit heller weißer Schrift dargestellt. Die markierten Bilder können Sie nun gemeinsam per E-Mail versenden, kopieren, drucken oder löschen. Wenn Sie ein Bild versehentlich angetippt haben, tippen Sie es ein zweites Mal an, um die Auswahl zu entfernen. Leider ist der Bilderversand per E-Mail auf fünf Bilder begrenzt. Wollen Sie mehrere Bilder verschicken, müssen Sie diese auf weitere Mails verteilen.

BILDER AUF DAS iPAD AUFSPIELEN

Der Großteil der Bilder auf meinem abgebildeten iPad ist über die Funktion Screenshot auf dem iPad selbst entstanden. Natürlich gibt es noch weitere Wege, wie Sie Fotos auf Ihr iPad aufspielen können. Die Funktion Screenshots und die restlichen Wege möchte ich Ihnen im Folgenden tabellarisch darstellen.

MEDIUM	*ERKLÄRUNG*
iTunes	*iTunes ist ein Programm, das auf einem anderen Computer installiert sein muss. Mit diesem Programm können dann Bilder von Computer zu iPad übertragen werden.*
iPad Camera Connection Kit	*Das iPad Camera Connection Kit ist ein Zubehörprodukt zu Ihrem iPad. Es besitzt einen Einschub für eine Speicherkarte, wie sie in Digitalkameras zu finden ist. Über diesen Einschub können Sie dann Bilder von der Karte direkt auf Ihren iPad überspielen. Im Vergleich zu iTunes bleibt die Bildgröße bei dieser Variante unverändert. iTunes reduziert große Bilder auf ein kleineres Format, um nicht zu schnell zu viel Speicherplatz zu belegen.*

E-Mail	*E-Mails können Bilder im Anhang enthalten, die Sie auf Ihrem iPad durch Halten und anschließender Bestätigung der Option **Bild sichern** in Ihre Fotos-App für den späteren Gebrauch übertragen können.*
Internet	*Das Internet hält eine Vielzahl von Bildern für Sie bereit. Auch diese können Sie in Fotos abspeichern, indem Sie auf das Bild tippen und den Finger kurz auf dem Bild halten. Wählen Sie nun die Option Bild sichern aus.*
Screenshot	*Das Bildschirmfoto **(engl.: Screenshot)** fotografiert Ihren Bildschirm und speichert das Abbild automatisch in der Fotos App. Screenshots können Sie erstellen, indem Sie gleichzeitig den Home-Button und den Aus-/Einschalter drücken. Die Erstellung des Screenshots wird dann mit einem Knipsgeräusch und einem kurzzeitigen Weißwerden des Bildschirms quittiert.*

Kamera	*Mit dieser App können Sie sowohl Bilder oder Videos ganz nach Belieben erstellen. Dazu können Sie die Vorder- oder auch die Hinterkamera Ihres iPad verwenden.*
Photo Booth	*Dies ist eine App zur Erstellung von Schnappschüssen, die nach Belieben mit einzelnen Foto-effekten angereichert werden können. Auch hier haben Sie die Wahl zwischen der Vorder- oder Hinterkamera.*

EINSTELLUNGEN ZUR FOTOS APP

Natürlich gibt es für Sie als Benutzer des iPad auch in der ***Fotos App*** einige Möglichkeiten, auf die Einstellungen einzuwirken. Gehen Sie hierfür über den Home-Button zurück zum Startbildschirm und tippen Sie auf Einstellungen. Wählen Sie nun Fotos in der linken Bildschirmhälfte. Die Einstelloptionen halten sich hier in Grenzen, aber zumindest können Sie genauere Vorgaben für eine selbst erstellte Diashow machen.

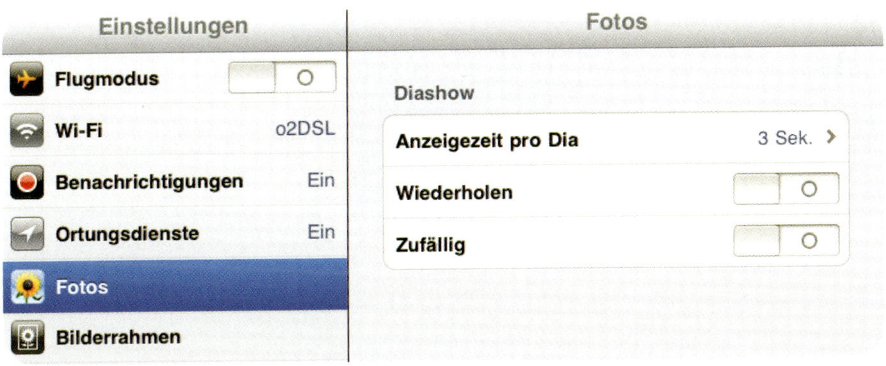

DAS iPAD ALS ELEKTRONISCHER BILDERRAHMEN

Bestimmt haben Sie in einem Elektronikmarkt schon einen dieser neuartigen elektronischen Bilderrahmen gesehen. Über dessen Existenz brauchen Sie sich als iPad Besitzer ab sofort keine Gedanken mehr zu machen, denn das iPad ist auch im Stande, die Funktionalität eines elektronischen Bilderrahmens zu übernehmen. Um diesen einzurichten, gehen Sie wie folgt vor:

1 *Sperren Sie das iPad, indem Sie auf den **Aus-/Einschalter** drücken.*

2 *Drücken Sie den **Home-Button**, um das Gerät wieder zu aktivieren.*

3 *Entriegeln Sie es nicht, sondern tippen Sie auf das **Bilderrahmensymbol**.*

4 *Der Bilderrahmen nimmt seinen Dienst auf.*

5 *Sobald Sie auf den Bildschirm tippen, wird der Bilderrahmenmodus angehalten und Sie können das Gerät entriegeln.*

EINSTELLUNGEN DES BILDERRAHMENS

Wählen Sie in Einstellungen die Option ***Bilderrahmen*** 6 und legen Sie in der rechten Spalte Ihre Präferenzen fest. Die Option ***Gesichter vergrößern*** 7 können Sie auf der Standardeinstellung belassen. Um diese Funktion allerdings vollends auszuschöpfen und Gesichter in Bildern tatsächlich automatisch herangezoomt zu bekommen, müssten Sie aufwendige Umstellungen an Ihrem Computer vornehmen. Besonders wichtig in diesem Kontext ist die Option ***alle Fotos*** 8 oder nur ***bestimmte Alben*** 9. Stellen Sie hier sicher, dass wirklich nur das angezeigt wird, was Sie zum Beispiel bei einem Besuch von Freunden angezeigt haben wollen.

Einstellungen
Flugmodus
Wi-Fi o2DSL
Benachrichtigungen Ein
Ortungsdienste Ein
Helligkeit & Hintergrund
Bilderrahmen
Allgemein
Mail, Kontakte, Kalender
Safari
iPod
Video
Fotos
FaceTime
Notizen
Store
Bilderrahmen
Der Modus „Bilderrahmen“ macht aus Ihrem iPad einen animierten Bilderrahmen.
Übergang
Überblenden
Origami
Anzeigezeit pro Foto: 3 Sek.
Gesichter vergrößern
Zufällig
Alle Fotos
Alben
6
7
8
9

Videotelefonie

Facetime Sipgate Skype

Das iPad als Videotelefon

- *Facetime*
- *Sipgate*
- *Skype*

Videotelefonie

Dieses Kapitel beschreibt die einzig wahre ***Neuerung des iPad 2 im Vergleich zum iPad 1:*** die Möglichkeit über Videotelefonie mit Familie und Freunden Kontakt aufzunehmen. Mit der eingebauten Vorder- und Hinterkamera können Sie sowohl sich selbst als auch Ihre Umgebung im Rahmen eines Videotelefonats an Ihren Gesprächspartner übertragen. Darüber hinaus ist es wie beim iPad 1 auch weiterhin möglich, geschriebene Direktunterhaltungen, sogenannte Chats, zu führen. Dies geschieht über die nicht standardmäßig installierte ***App Skype***. Ich werde Ihnen Schritt für Schritt zeigen, wie Sie Skype auf Ihrem iPad installieren und wie Sie sowohl telefonieren als auch direkte Textunterhaltungen mit Kontakten anstoßen können. Als Abschluss des Kapitels erfahren Sie, wie Sie mit der ***Sipgate App*** weltweit für 8 Cent SMS verschicken können und Ihr iPad sogar wie ein ***Festnetztelefon*** mit eigener Festnetznummer einsetzen können. Bevor ich diese beiden nützlichen iPad Zusatzapps vorstelle, möchte ich in wenigen Sätzen erklären, was ***Facetime***, die vom iPad vorinstallierte Videotelefonie App, für Sie leisten kann. Sowohl unsere Tests als auch die Tests anderer iPad Experten haben ergeben, dass die Facetime-Verwendung noch nicht besonders stabil funktioniert. Sowohl Skype als auch Sipgate bieten die bessere Alternative. ***Facetime*** ist nur dann besonders einfach zu bedienen, wenn Sie jemanden kontaktieren wollen, der auch ein iPad 2 oder ein Telefon von Apple mit integrierter Kamera besitzt.

FACETIME

- *Starten Sie die **Facetime App** über den **iPad Startbildschirm**.*
- ***Facetime** fordert Sie nun auf, sich zu registrieren. Keine Angst, Sie müssen sich nicht schon wieder ein neues Konto anlegen. Bei dieser Registrierung können Sie auf Ihre **Apple-ID** zurückgreifen, die Sie bei der Einrichtung Ihres iPad festgelegt haben oder die für Sie festgelegt wurde. Das Feld **Benutzername** 1 ist meistens schon automatisch für Sie ausgefüllt und*

Sie müssen nur noch das festgelegte ***Kennwort*** *2 eingeben. Bestätigen Sie über* ***Anmelden*** *3.*

Facetime nutzt keine Telefonnummern, sondern Mail-Adressen als Identifikationsmerkmal. Legen Sie deshalb eine Mail-Adresse fest, unter der Sie angerufen werden wollen. Wenn Sie Ihre Mail-Adresse angeben, die Sie in der App Mail hinterlegt haben, erkennt Facetime diese automatisch. Bei allen anderen Mail-Adressen ist der Überprüfungsprozess weitaus aufwendiger.

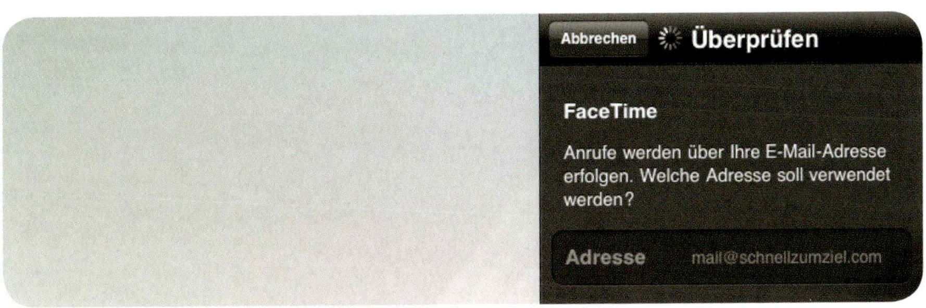

- *Sie sind nun registriert für Facetime und Ihnen werden die verschiedenen Funktionen für Facetime angezeigt:*

- *Unter **Favoriten** 1 können Sie **Kontakte** 2 aus Ihrem Adressbuch zum schnelleren Wählen ablegen.*
- ***Anrufliste** 3 zeigt Ihnen, mit wem Sie in der Vergangenheit schon telefoniert haben, und lässt Sie einfach und schnell erneut diese Nummern wählen.*
- ***Kontakte** 2 listet Ihnen alle bisherigen Kontakte aus Ihrem Adressbuch. Um einen Anruf an einen existierenden Kontakt zu starten, tippen Sie auf einen Namen oder legen Sie über das **Pluszeichen** 4 einen neuen Kontakt an.*

- *Achten Sie beim Anlegen eines neuen Kontaktes darauf, dass Sie seine Mail-Adresse hinterlegen, mit der er auch bei Facetime oder bei iTunes registriert ist. Facetime erlaubt* ***keine Anrufe zu unregistrierten Mails*** 5.

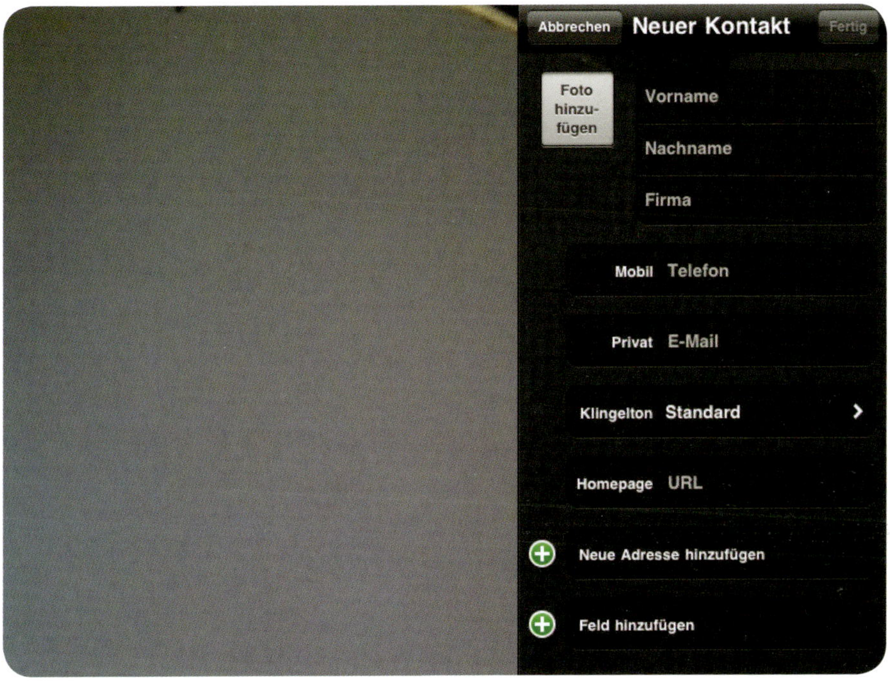

TIPP:
Während eines Gesprächs können Sie Ihr eigenes Bild frei über den Bildschirm ziehen und dort positionieren, wo es Sie am wenigsten stört.

Die wichtigste Funktion in einem Videotelefonat ist der ***Kamerawechsel*** **1** von Vorder- auf Hinterkamera oder umgekehrt. Über das Mikrofonsymbol schalten Sie Ihr eigenes Mikrofon auf stumm, so dass Sie von Ihrem Gesprächspartner nicht mehr gehört werden.

HINWEIS:

Die Firma Apple hat die Nutzung von Facetime bewusst auf Besitzer des iPad und des Apple Handy iPhone beschränkt. Dies ist das größte Manko von Facetime hinsichtlich der Kommunikation mit Ihren Freunden und Familie. Greifen Sie auf Facetime zurück, wenn dies der Fall ist. Verwenden Sie in diesen Fällen die im folgenden beschriebenen Telefonielösungen Skype und Sipgate. Diese sind geräteunabhängig.

SKYPE

Bevor Sie ***Skype*** verwenden können, müssen Sie die App auf Ihr iPad laden. Dieser Schritt wird Ihnen zuerst etwas kompliziert erscheinen, ist aber für die spätere Verwendung Ihres iPad von außerordentlicher Bedeutung. Wenn Sie verstanden haben, was Sie beim Laden von Fremd-Apps beachten müssen, steht Ihnen die komplette Welt der iPad Apps offen. Apps sind einer der wesentlichen Gründe, warum die Geräte von Apple eine solche Beliebtheit erreicht haben. Programmierer auf der ganzen Welt beschäftigen sich mit dem Entwerfen neuer Apps für alle Lebensbereiche. Firmen wie die Deutsche Bahn oder die Lufthansa bieten ihren Reisenden Apps für ihre Reiseplanung an. Vor Kurzem veröffentlichte der Bezahlsender ***Sky*** seine App ***SKY GO*** **2**, mit der es möglich ist über das iPad die Fussballbundesliga live zu schauen.

2

Exkurs: Mit dem App Store umgehen

Widmen wir uns nun also der Installation Ihrer ersten nicht auf dem iPad vorinstallierten App, so dass Sie sich rasch in der Welt der Apps zurechtfinden.

Das Laden der ***App Skype*** verläuft über den ***Apple App Store*** 3, den Sie über Ihren ***iPad Startbildschirm*** erreichen. Wie der Name vermuten lässt, können Sie im App Store Apps beziehen. Es wird unterschieden zwischen kostenlosen und kostenpflichtigen Apps. Kostenpflichtige Apps sind zu jeder Zeit deutlich als solche gekennzeichnet, so dass Sie keine Angst vor einer versteckten Kostenfalle haben müssen. Die Abrechnung der kostenpflichtigen Apps findet über Ihr iTunes Konto statt, das Sie mit der Registrierung Ihres iPad angelegt haben.

3

HINWEIS:
Sie haben bei der Ersteinrichtung Ihres iTunes Konto zwar die Möglichkeit, ohne Hinterlegung Ihrer Kontodaten auszukommen. Vorteilhafter ist es jedoch, wenn Sie gleich Ihre Kontodaten für eine automatische Abbuchung Ihrer erworbenen Apps hinterlegen. Diese Hinterlegung der Kontodaten bei Apple ist unbedenklich. Falsch getätigte App Bestellungen sind widerrufbar und werden Ihrem Konto wieder gutgeschrieben.

Um ***Skype*** zu installieren, bewegen Sie sich auf Ihren iPad Startbildschirm und gehen dann wie folgt vor:

- *Tippen Sie auf den App Store.*
- *Geben Sie bei Nachfrage Ihre iTunes Kontodaten ein.*
- *Geben Sie in das Suchfeld den Namen* ***Skype*** 1 *ein und wählen Sie den* ***obersten Vorschlag*** 2 *aus der Liste.*

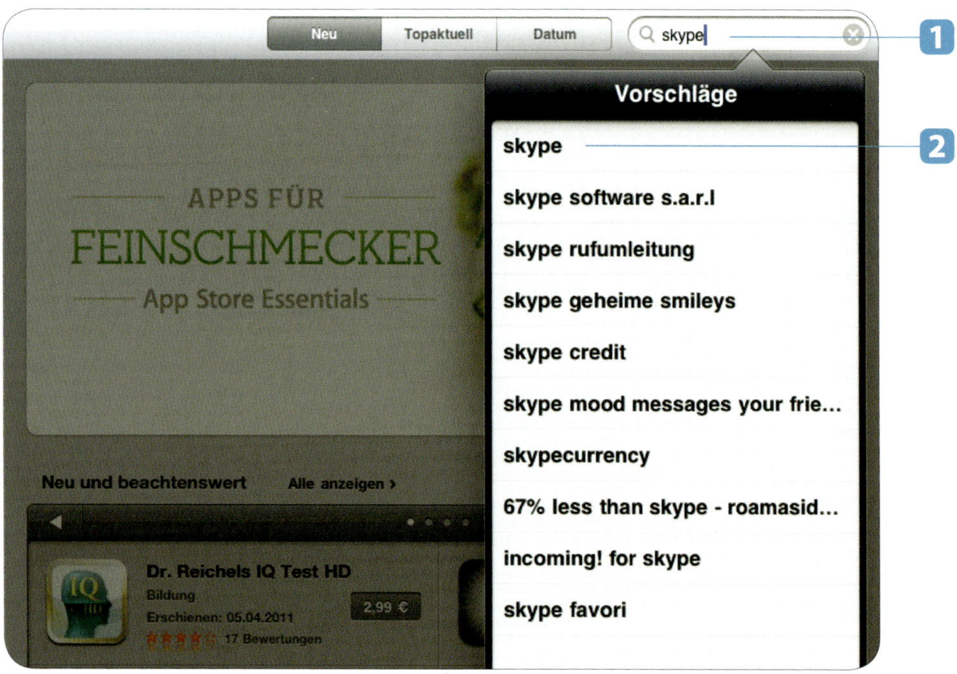

- *Tippen Sie auf* ***Skype Installieren*** **3**.

- *Skype wird auf Ihrem iPad installiert* **4**.

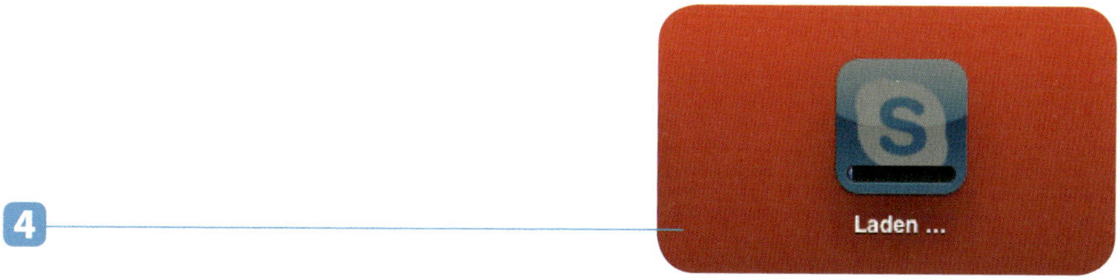

- *Tippen Sie auf die Skype App und* ***erstellen Sie ein Konto*** **5**.

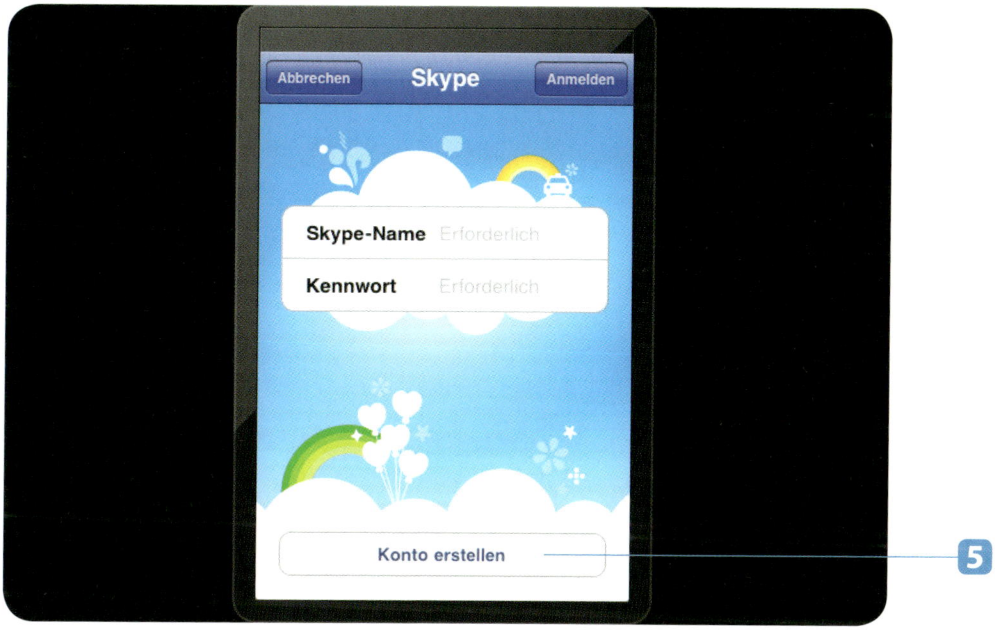

- *Bestätigen Sie den **Keine Notrufe-Dialog** mit Annehmen.*
- *Bevor Sie Ihre Daten eingeben, vergrößern Sie die Anzeige über **2x**.*
- *Es ist wichtig, dass Sie eine **gültige Mail-Adresse** für die Registrierung bei Skype angeben. Am besten auch hier die Mail-Adresse, die Sie auf Ihrem iPad eingerichtet haben. **Voller Name** 1 und **Skype-Name** 2 sind frei wählbar. Auch bei Skype können Sie sich unter einem Pseudonym anmelden. Das **Kennwort** 3 muss mindestens eine Zahl enthalten.*

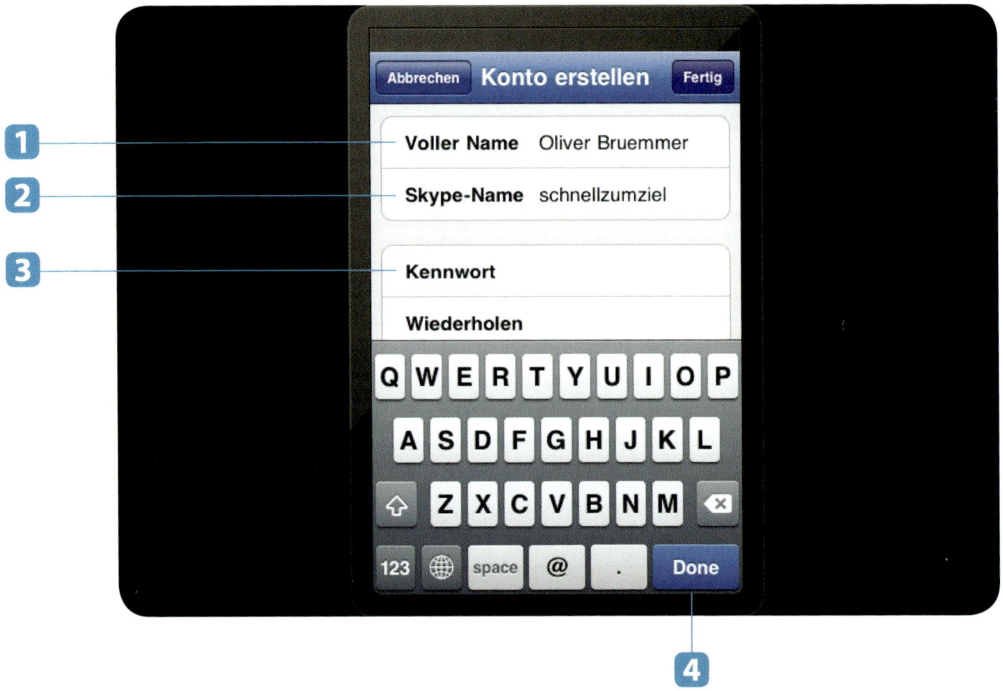

- *Bestätigen Sie Ihre Eingaben über **Done** 4.*
- *Über das **Pluszeichen** 5 können Sie nun schon bei Skype aktive Freunde hinzufügen.*
- *Gehen Sie auf **Verzeichnis durchsuchen** 6.*

Lassen Sie sich von Ihren aktiven Freunden den ***Skype-Namen*** *oder Ihr* ***Pseudonym*** *geben und geben Sie dies in das* ***Suchfeld*** 7 *ein. Bestätigen Sie über* ***Search****.*

- *Skype listet Ihnen im nächsten Schritt alle registrierten Benutzer auf, die unter dem Namen im Skype-Verzeichnis zu finden sind. Tippen Sie auf einen Kontakt, um mehr über ihn zu erfahren.*

- *Tippen Sie auf **Profil anzeigen** oder auf **Anrufen, Chat oder Videoanruf,** um direkten Kontakt aufzunehmen. Sind Sie sich sicher, dass Sie Ihren Kontakt gefunden haben, fügen Sie ihn über **Einstellungen** 1 **Zu Kontakten hinzufügen** Ihrer Kontaktliste hinzu.*

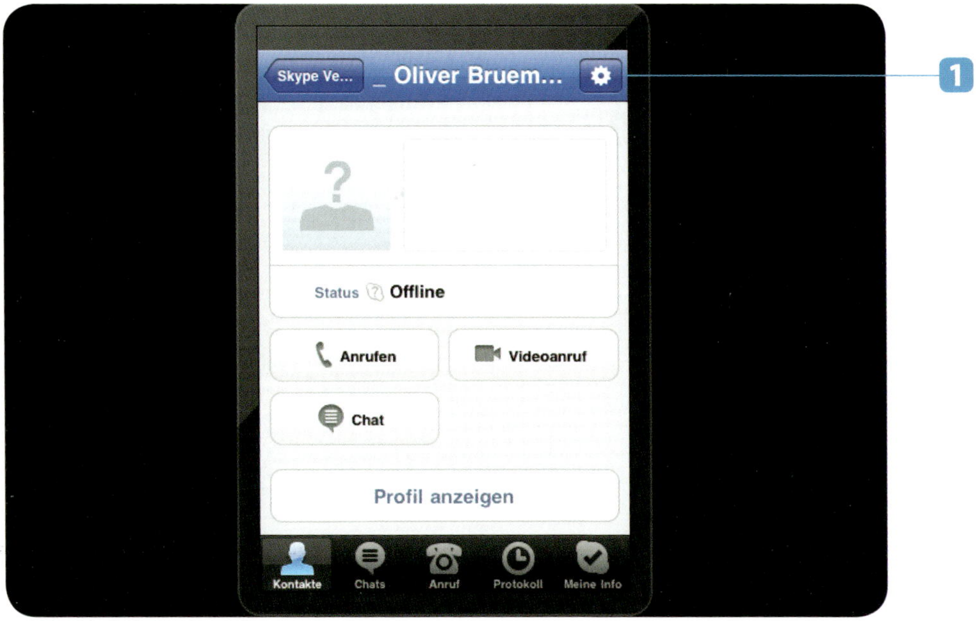

- *Tippen Sie auf **Senden** 2, um die Kontaktanfrage abzuschicken. Erst wenn Ihr Kontakt diese bestätigt, können Sie uneingeschränkt mit ihm Kontakt aufnehmen. Ändern Sie den Standardtext, wenn Sie ein Pseudonym bei Skype verwenden und geben Sie Ihrer Kontaktperson einen Hinweis, wer Sie genau sind.*

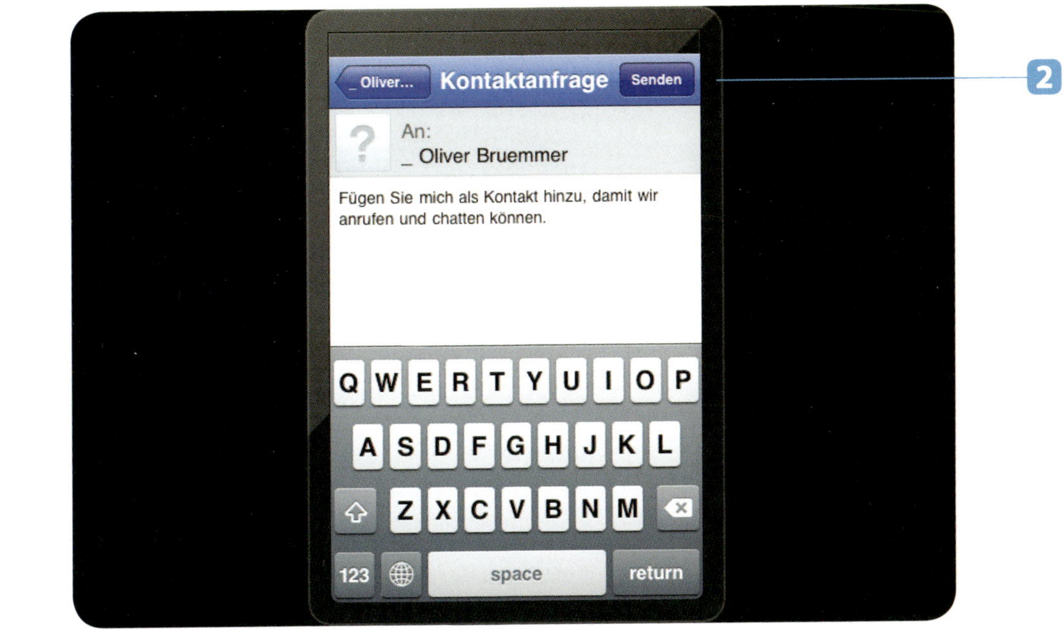

- *Gehen Sie über **Kontakte** 3 zurück zum Startbildschirm von Skype.*

Starten Sie nun über **Online** 1 Ihre erste Skype Unterhaltung. Tippen Sie auf den hinzugefügten Kontakt 2.

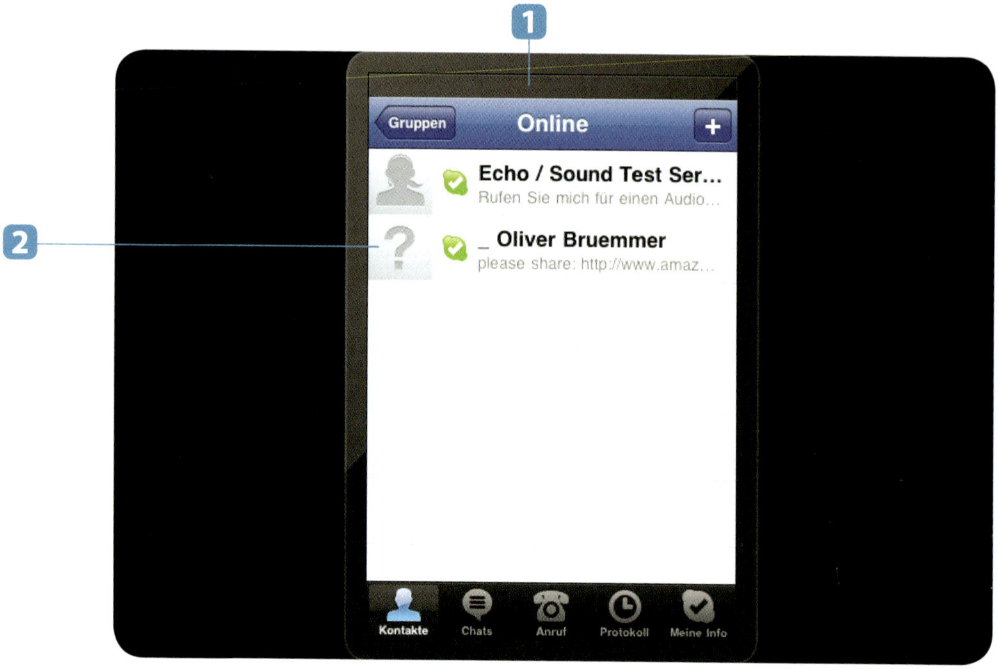

Sie können nun entscheiden, ob Sie einen **Anruf** 3, ein Textgespräch bzw. **Chat** 4 oder einen **Videoanruf** 5 beginnen.

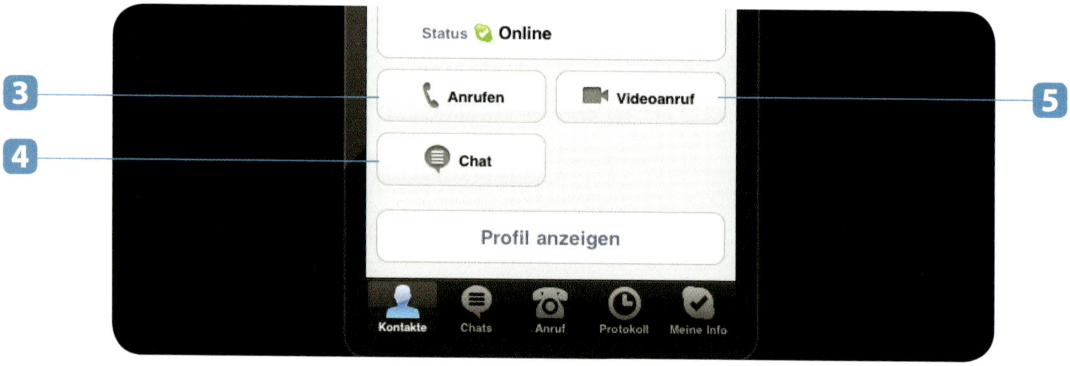

Einen Anruf starten:

- *Tippen Sie auf **Anruf** 6 .*
- *Sie haben sowohl die Möglichkeit, das Gespräch über die eingebauten Lautsprecher und das integrierte Mikrofon als auch über einen Apple Kopfhörer mit Mikrofon **(siehe Kapitel Zubehör)** zu führen. Stellen Sie in jedem Fall sicher, dass die Lautstärke auf laut geschaltet ist.*

- *Tippen Sie auf **Auflegen** 7, um das Gespräch zu beenden.*

TIPP:
Über Skype können Sie auch Festnetz- und Mobilfunknummern anrufen. Dies ist allerdings kostenpflichtig und erfordert einen weiteren Registrierungsprozess, den wir Ihnen an dieser Stelle ersparen wollen. Auf Nachfrage stellen wir Ihnen diesen aber gerne auf unserer Webseite zur Verfügung.

Einen Chat oder Videoanruf starten

- *Tippen Sie auf* ***Videoanruf*** 1.

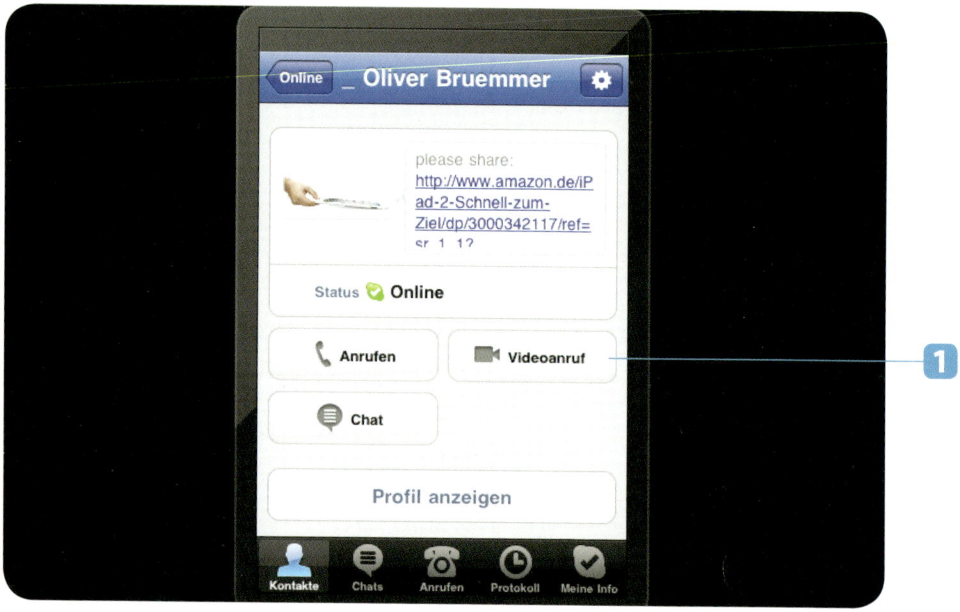

- *Richten Sie Ihre Kamera so aus, dass Sie im Bild* 2 *erscheinen.*

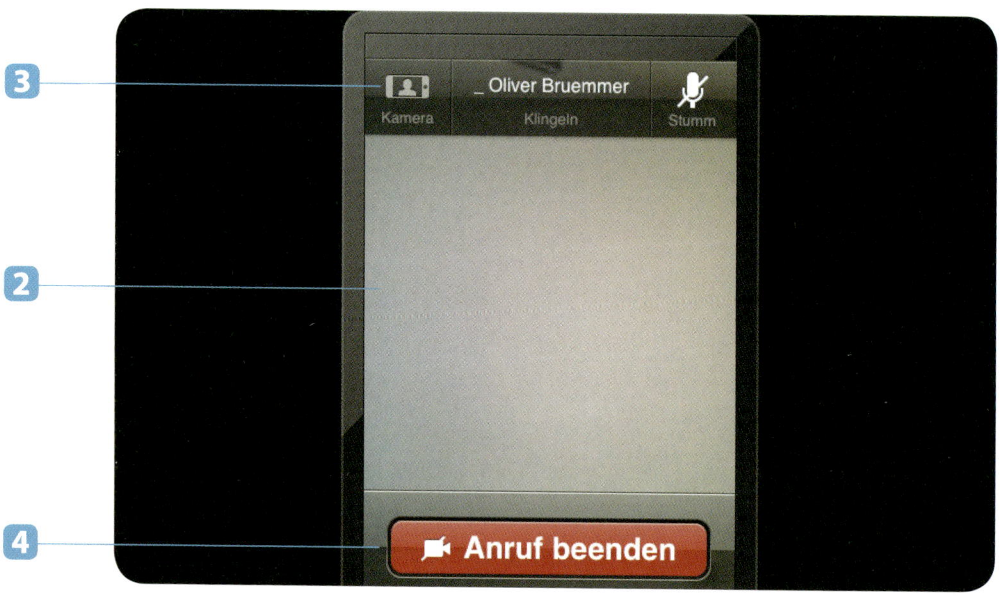

- *Über das Symbol **Kamera** 3 können Sie festlegen, ob Sie die Vorder- oder Hinterkamera für das Telefonat verwenden wollen.*
- *Zum Auflegen tippen Sie **Anruf Beenden** 4.*

Skype ist eine außerordentlich vielseitige App, wie Sie bemerkt haben. Nehmen Sie sich genügend Zeit, um Sie auszuprobieren und die Funktionen zu erproben. Sie werden bald merken, wie viel Spass es macht, direkt über einen Chat oder über ein Telefonat mit Bekannten in Kontakt zu treten.

SIPGATE

Sipgate ist genauso wie Skype eine iPad Zusatz-App, die nicht standardmäßig auf Ihrem Gerät installiert ist. Sie bietet bis auf Videotelefonie auch die gleichen Funktionen wie Skype, ist aber um einiges besser auf den iPad Bildschirm abgestimmt und wesentlich einfacher zu bedienen. Zwar können Sie bei Skype Ihrem iPad auch eine Festnetznummer zuweisen lassen und günstig SMS in die ganze Welt verschicken, jedoch ist die Handhabung von Sipgate um einiges durchdachter.

Wie jedes tolle Angebot auf Ihrem iPad verlangt auch die Sipgate App eine vorausgehende Registrierung. So gelangen Sie am einfachsten durch diesen Registrierungsprozess:

- *Laden Sie sich zuerst die **Sipgate App**, indem Sie im App Store **Sipgate** in das **Suchfeld** 1 eingeben.*

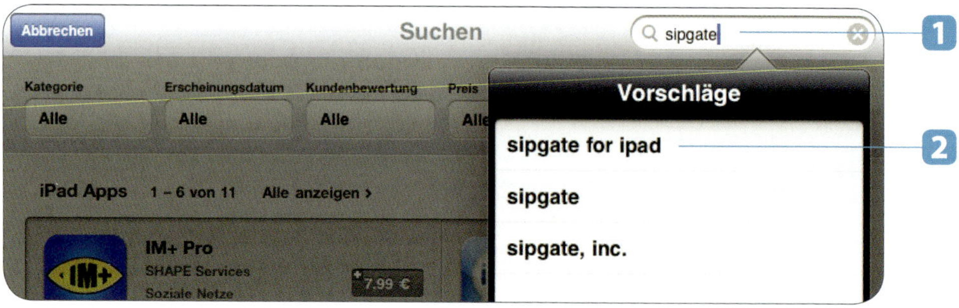

- *Wählen Sie **sipgate for ipad** 2.*
- *Tippen Sie auf **Installieren** 3 .*
- *Sie werden aufgefordert, Ihre **Apple-ID** 4 einzugeben.*

- *Die **Sipgate App** wird installiert.*
- *Tippen Sie auf **Register** 5.*

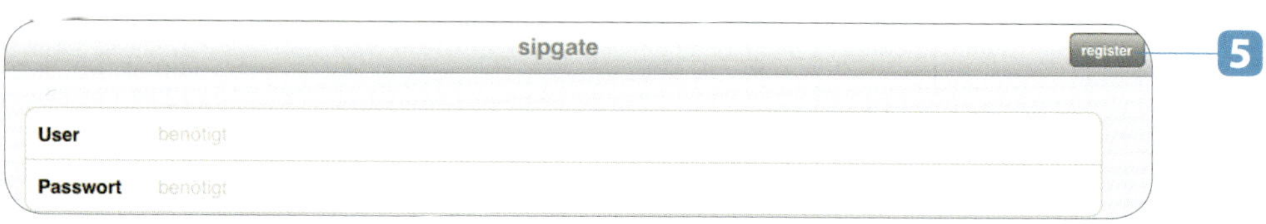

*Sie werden auf die **Sipgate Webseite** weitergeleitet. Wählen Sie die Rubrik **sipgate basic & plus** 6 in der Navigationsleiste und tippen Sie im Anschluss auf **sipgate basic** 7.*

*Sie werden zur Anmeldung weitergeleitet. Geben Sie die **Vorwahl** 8 Ihres Wohnortes an, um eine kostenlose Telefonnumer zugewiesen zu bekommen.*

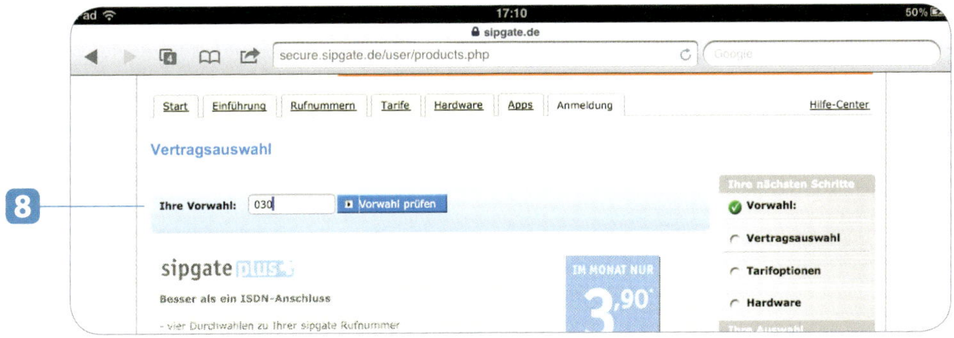

Tippen Sie nun auf ***weiter mit sipgate basic*** **1**.

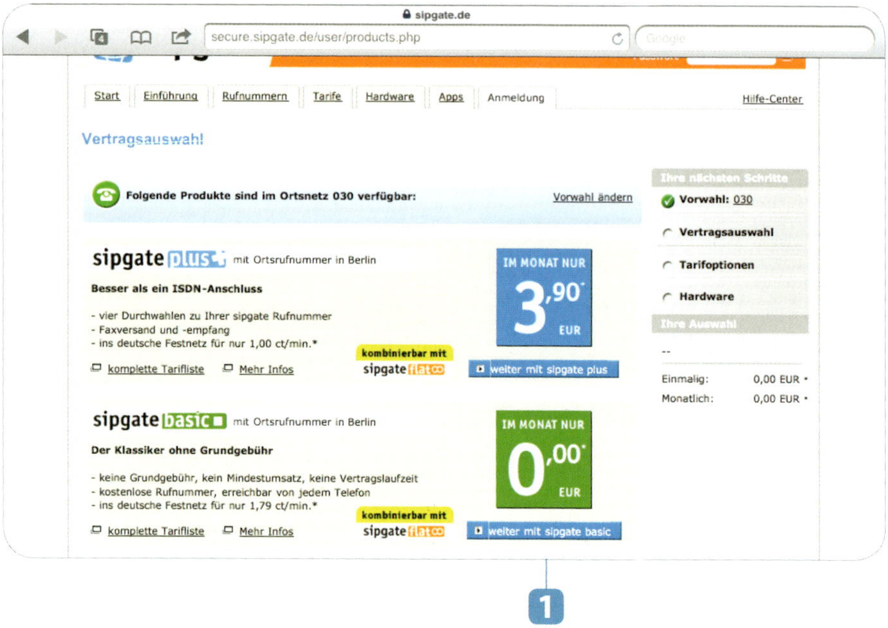

Wählen Sie im Anschluss ***weiter mit sipgate basic ohne flat*** **2**. *Bei diesem Tarif zahlen Sie keine Grundgebühr und Ihnen entstehen nur Kosten, wenn Sie Anrufe tätigen. Eingehende Anrufe empfangen Sie kostenlos.*

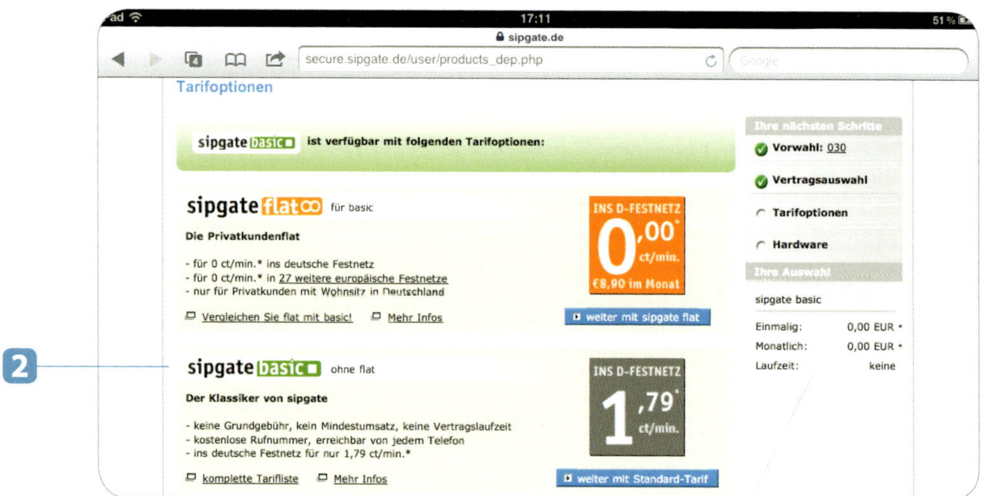

- *Geben Sie Ihre gewünschten Zugangsdaten ein und fahren Sie mit* ***Ich bin Privatkunde*** **3** *fort.*

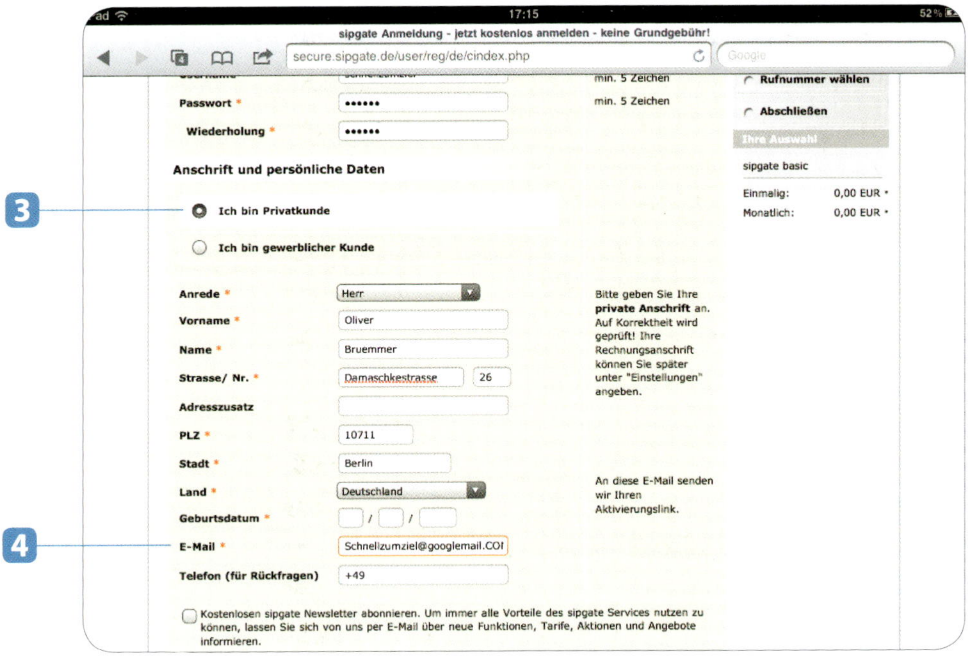

- *Stellen Sie auch bei dieser Registrierung sicher, dass Sie die* ***korrekte Mail-Adresse*** **4** *angeben. Sie erhalten von sipgate eine Mail, die Sie bestätigen müssen.*

- *Lesen Sie die Allgemeinen Geschäftsbedingungen und akzeptieren Sie die Speicherung Ihrer Daten durch das* ***Setzen eines Häkchens*** **5***.*

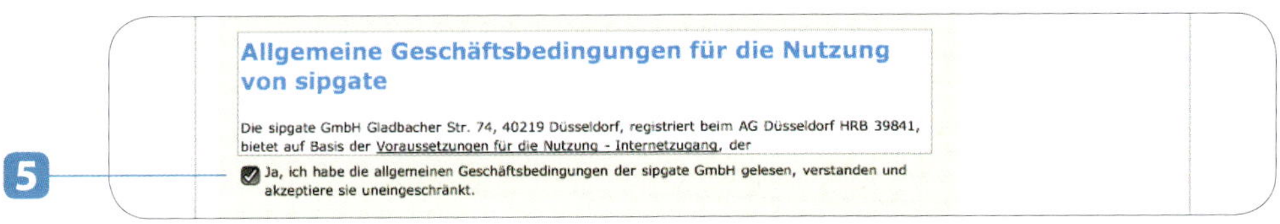

*Wählen Sie im nächsten Schritt Ihre Wunschrufnummer durch Tippen des **grauen Feldes** 1.*

1

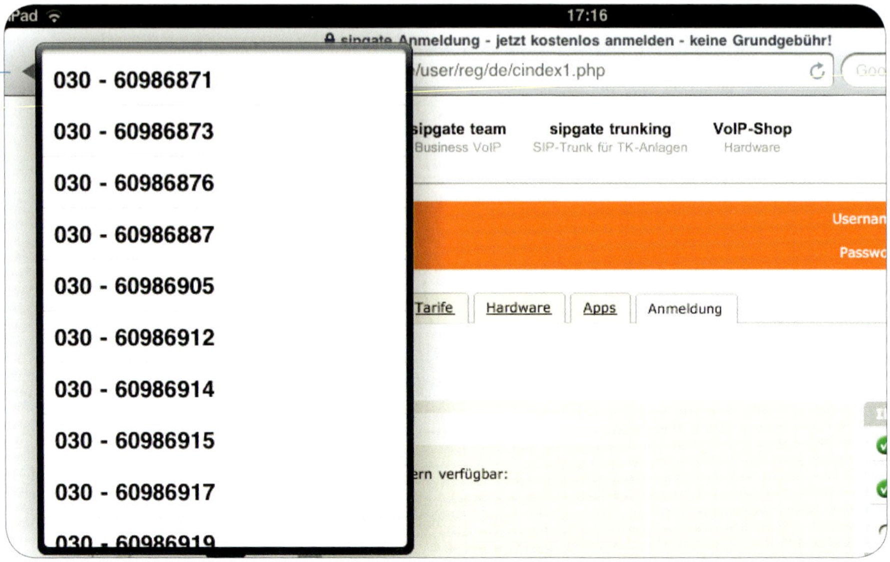

*Sie kommen nun auf die Überprüfungsseite Ihrer Daten. Geben Sie **Online** 2 ein und fahren Sie mit **Überprüfung jetzt vornehmen** fort 3.*

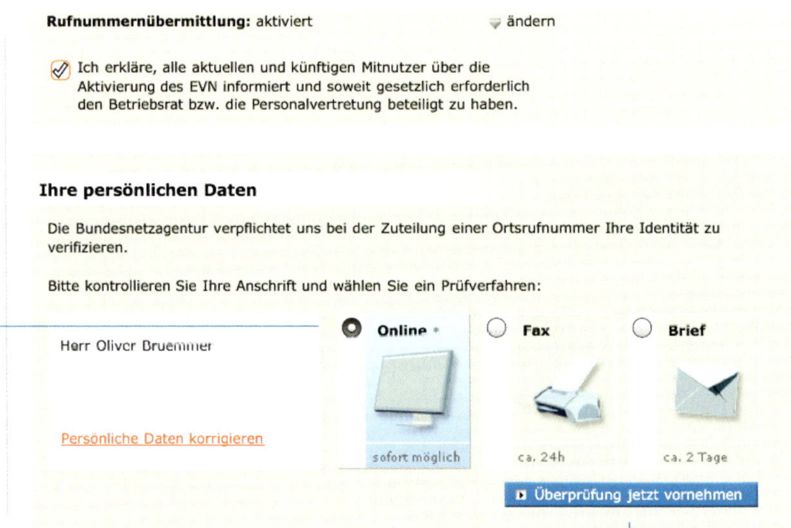

2

3

Sie werden nun aufgefordert, Ihre Mails abzurufen.

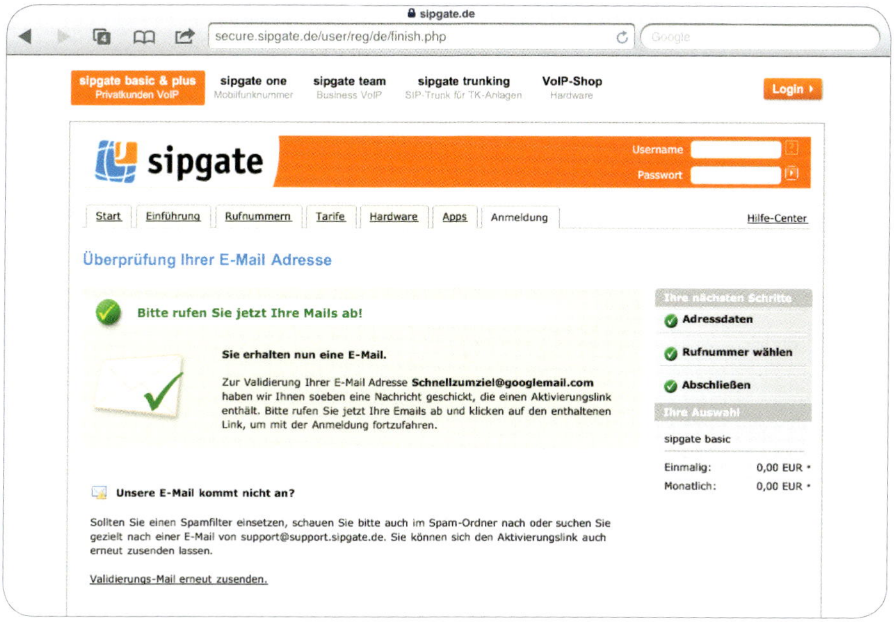

Wechseln Sie in Ihre ***Mail App*** *und öffnen Sie die Mail von* ***sipgate****. Tippen Sie auf den in der Mail enthaltenen* ***blau unterlegten Link*** **4**. *Ihre Anmeldung ist damit erfolgreich abgeschlossen. Notieren Sie sich am besten gleich die für Sie eingerichtete* ***Festnetznummer*** **5**.

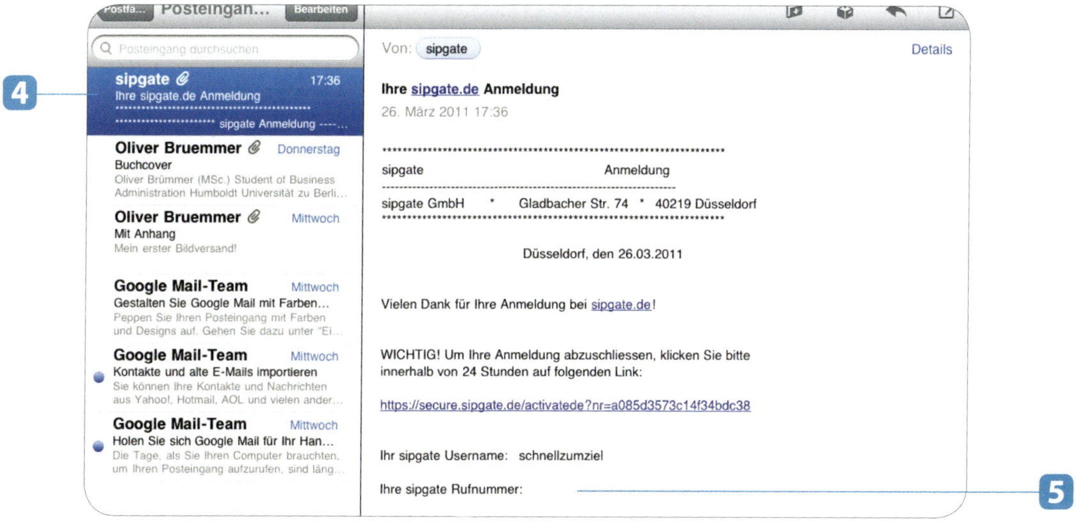

Dem Telefonieren und SMS-Versenden mit sipgate steht nun nichts mehr im Wege. Über die Sipgate Webseite ***www.sipgate.de*** und die Eingabe Ihrer Registrierungsdaten haben Sie zu jeder Zeit Zugang zu den Konditionen und Ihrem persönlichen Konto. Empfangene Anrufe sind für Sie kostenlos. SMS werden pauschal derzeit mit 8 Cent, berechnet. Bitte informieren Sie sich über die aktuellen Konditionen zu SMS Versand und ausgehenden Telefonaten auf www.sipgate.de.

Nutzen Sie die Gelegenheit, um sich nun vertraut mit der sipgate-App zu machen:

- *Starten Sie die sipgate-App über den iPad Startbildschirm.*
- *Machen Sie Ihre neue Festnetznummer bekannt bei Freunden und nehmen Sie am besten auch für die sipgate-Telefonie einen Kopfhörer mit Mikrofon von Apple.*
- *Der Aufbau der App ist recht übersichtlich.*

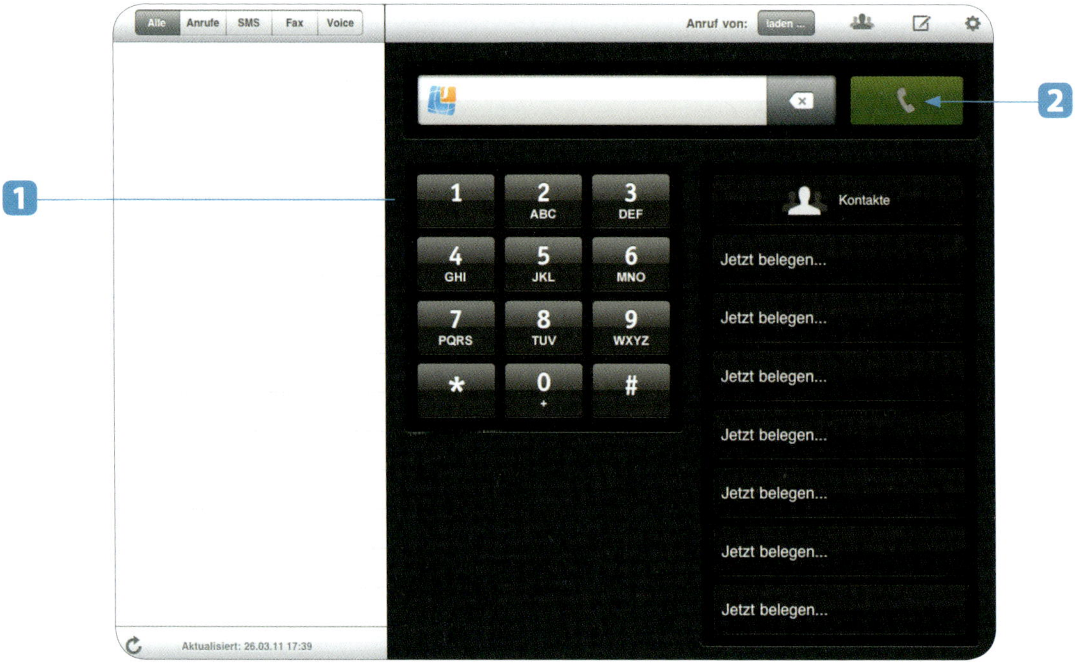

- *Wollen Sie ein Telefonat über das iPad abwickeln, geben Sie die Telefonnummer über das **Ziffernfeld** 1 ein und bestätigen Sie mit der **grünen Hörertaste** 2.*
- *Um eine SMS zu verschicken, tippen Sie auf **Neu schreiben** 3 in der Bearbeitungsleiste.*

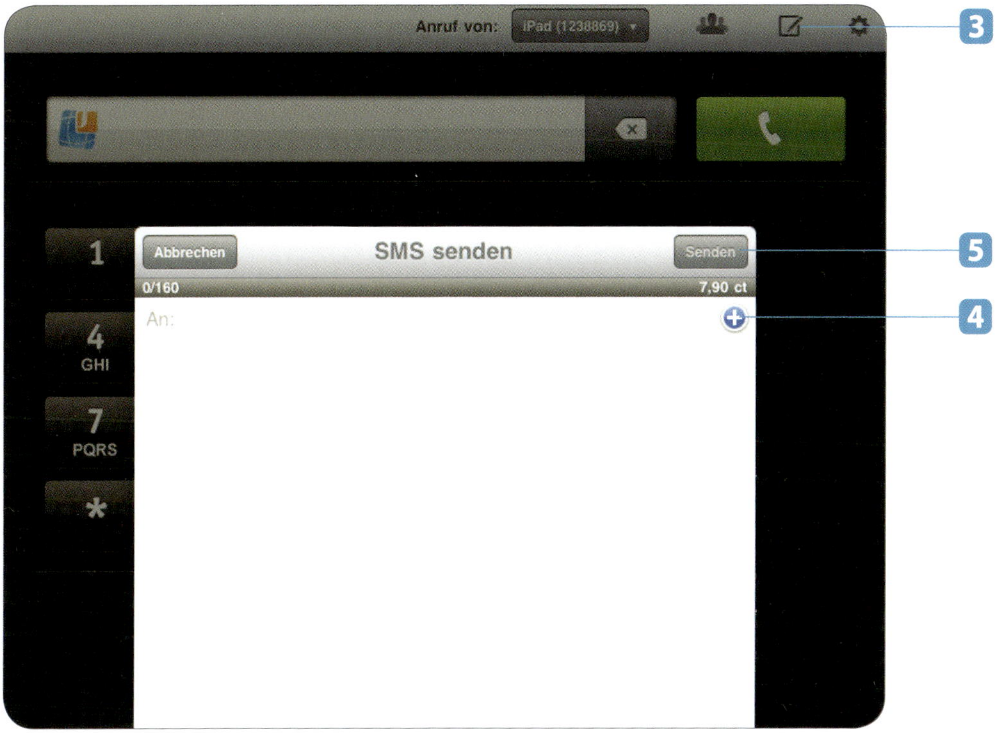

- *Ein neues Fenster erscheint. Tippen Sie hier auf das **blaue Pluszeichen** 4, um eine Nummer aus dem Adressbuch hinzufügen, oder geben Sie die gewünschte Nummer direkt ein.*
- *Geben Sie Ihre Nachricht ein, indem Sie einmal kurz auf das weiße Textfeld tippen.*
- *Tippen Sie auf **Senden** 5.*

HINWEIS:
Beachten Sie, dass Sie für den SMS Versand Guthaben auf Ihr sipgate-Konto geladen haben müssen. Ihr ***Guthaben*** können Sie über ***Einstellungen*** in der sipgate-App überprüfen und über die sipgate-Webseite aufladen. Dies ist zwar ein recht umständlicher Prozess, dient aber Ihrer eigenen Kostenkontrolle.

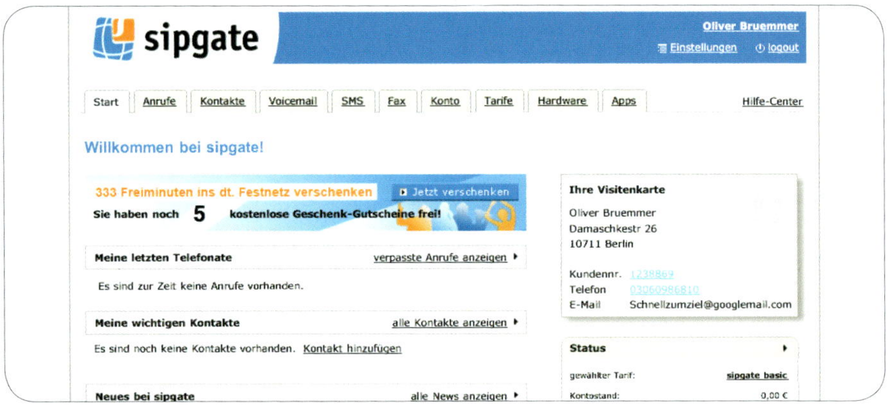

Wenn Sie ein Handy besitzen, können Sie unter Einstellungen als ***SMS Absender*** Ihre Handynummer eingeben. Dies ist eine nützliche Einstellung, da Sie auf dem iPad selbst keine SMS empfangen, sondern nur verschicken können.

Beachten Sie jedoch, dass Sie für die SMS-Funktion noch einige Einstellungen auf der sipgate-Webseite www.sipgate.de vornehmen müssen. Sie bietet Ihnen nicht nur eine ausgezeichnete Kontrolle über Ihre Kosten, sondern stellt darüber hinaus noch einige interessante Zusatzfunktionen zur Verfügung. Um den SMS-Versand unter der Nummer Ihres Handys freizuschalten, gehen Sie wie folgt vor:

- *Öffnen Sie Ihre Safari App, geben Sie **www.sipgate.de** in Ihre Adressleiste ein und bestätigen Sie durch **Go** auf der Tastatur.*
- *Loggen Sie sich mit Ihren **Registrierungsdaten** 1 ein.*

- *Sie kommen nun in Ihr Konto. Tippen Sie auf **Einstellungen** 2 und dann auf **SMS** 3.*

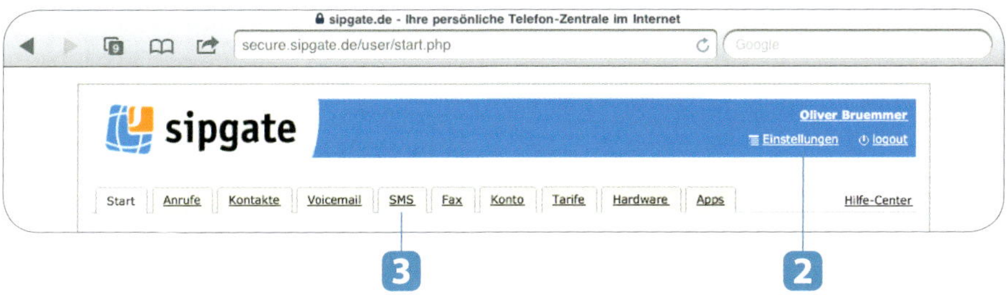

- *Sie werden nun aufgefordert, Ihre Handynummer einzugeben und durch **weiter zur Codeeingabe** 4 zu bestätigen.*

- *Geben Sie im nächsten Fenster den **Code** ein, den Sie auf Ihr Mobiltelefon gesendet bekommen haben.*

Zubehör

Zubehör

Für das iPad

Für die tägliche Arbeit mit dem iPad gibt es einige nützliche Helfer, über deren Anschaffung Sie sich Gedanken machen sollten. Sowohl der online Apple-Store ***www.apple.com/de*** als auch die Website von Amazon ***www.amazon.de*** bieten bei der Eingabe ***„iPad Zubehör"*** einen guten Überblick über die Zubehörvielfalt. Beim Kauf über Amazon gilt es zu bedenken, dass hier auch Drittanbieter ihre Ware anbieten können. Meistens ist diese Ware bedenkenlos, jedoch würde ich bei allzu günstigen Angeboten von einem Kauf absehen. Zahlen Sie lieber ein paar Euro mehr und ersparen Sie sich den Frust, sich mit minderer Qualität rumschlagen zu müssen. Im Apple Online Store können Sie bedenkenlos zugreifen, da hier alle Produkte der Kontrolle von Apple unterliegen und so schon für Sie getestet worden sind.

Wenn Sie das iPad bei Ihren ersten Trainings eben auf einem Tisch liegen haben, werden Sie feststellen, dass dies nicht die optimale Position zum Arbeiten ist. Es ist für Kopf und Augen viel angenehmer, wenn das iPad etwas angeschrägt wird. Dieses können Sie erreichen, indem Sie einfach ein vorhandenes Buch oder einen anderen dicken Gegenstand als Unterlage für das iPad verwenden. Sie werden aber schnell merken, das dies umständlich und vor allem für den Gebrauch auf der Couch oder unterwegs eine ungeeignete Lösung ist.

Mit dem iPad der zweiten Generation bietet Apple die sogenannten ***Smart Covers*** 1 an, die sowohl als Schutz des Displays als auch als iPad Aufsteller verwendet werden können. Diese iPad Abdeckungen gibt es in zwei unterschiedlichen Ausführungen. Zum einen die etwas teureren Lederabdeckungen, zum anderen die Polyurethanlösung aus Hartschaum.

Beide Abdeckungen beinhalten Magnete, die zusammen mit den im iPad-Rahmen verbauten Magneten für einen sicheren Halt der Smart Cover sorgen. Wenn Sie einmal in die Verlegenheit kommen sollten,

die Stärke der Magnete testen zu wollen, hängen Sie ihr iPad mit dem Smart Cover doch einfach an Ihren Kühlschrank. Seien Sie vorsichtig, wenn Sie die Kühlschranktür öffnen und schließen. Vielleicht wollen Sie das Gerät vorher vielleicht doch abnehmen und sich mit dieser Art der iPad Verwahrung nur behelfen, wenn Sie das iPad zum Beispiel als Ideengeber bei Rezepten in der Küche im Einsatz haben. Eine weitere schöne Verwendung wäre das Abspielen einer Diabildershow, während das iPad Ihren Kühlschrank schmückt.

Für die Aufbewahrung des iPad unterwegs können Sie zusätzlich zu einem Smart Cover über den Kauf einer Schutztasche nachdenken. Im Vergleich zu den Smart Covers schirmen diese Taschen das iPad auch auf der sehr kratzempfindlichen Rückseite gegen Schlüssel und andere spitze Gegenstände ab. Schutztaschen gibt es in allen erdenklichen Ausführungen, sowohl im Apple Store als auch bei vielen anderen Anbietern. Eine besondere und individuelle Schutzhülle für Ihr iPad bietet die Firma ***Caseable*** unter ***www.caseable.com***. Bei ***Caseable*** haben Sie die Möglichkeit, sich Ihre Schutzhülle selbst zu kreieren.

Sie liefern ein Urlaubsfoto oder ein selbst entworfenes Design und ***Caseable*** 1 bedruckt Ihnen Ihre ***ganz persönlich gestaltete Tasche*** 2.

1
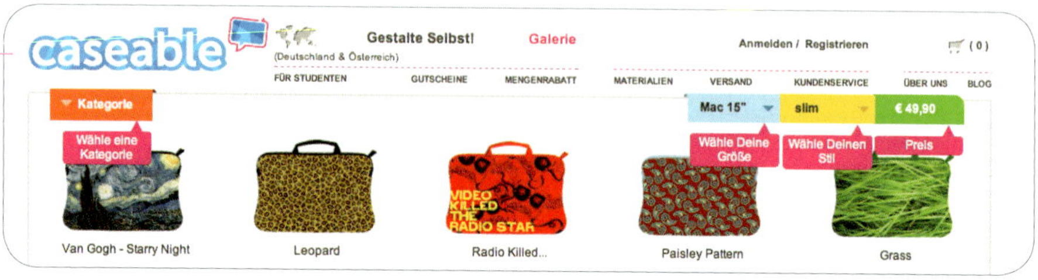

2
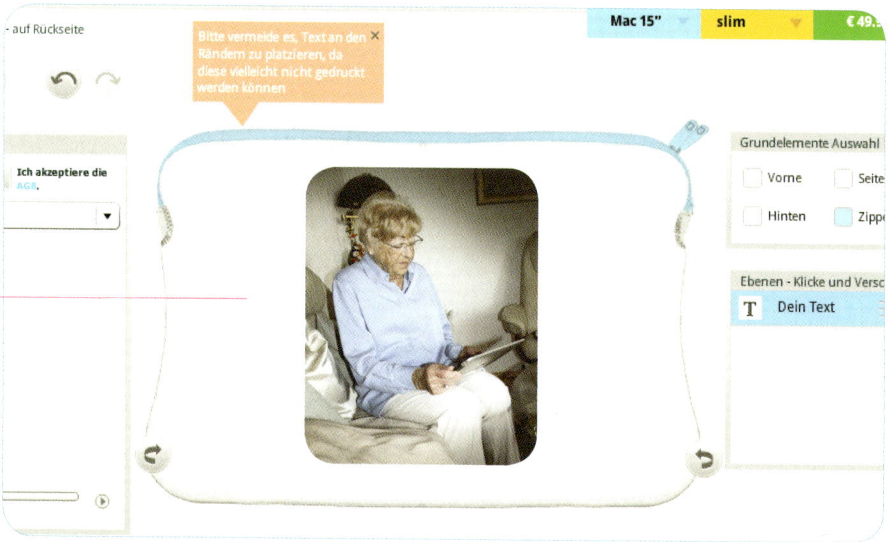

Ein Highlight unter den verfügbaren iPad Taschen ist ohne Zweifel die in der Berliner Manufaktur ***Cocon (www.cocon-berlin.com)*** aus Holz hergestellte ***iPad Buchhülle*** 3. Wenn Sie mit ihr unterwegs sind, haben Sie nicht nur das Gefühl, Sie hätten ein Buch dabei, sondern Ihr iPad wird gleichzeitig durch einen Holzrahmen wunderbar geschützt. ***Cocon*** bietet Ihnen sogar die Möglichkeit, Ihre iPad Buchhülle mit ***einer Prägung*** 4 personalisieren zu lassen.

3

4

Eine weitere Besonderheit des breiten Taschenangebotes ist das ***iPad 2 Access Folio Etui*** 1 der Firma ***Belkin***. Die Tasche hat einen Standfuss und ist so nicht nur eine gute Schutzhülle, sondern gleichzeitig auch ein guter iPad 2-Aufsteller für den Gebrauch des iPads unterwegs.

1

Eine Tasche auf Basis eines ökofairen Produktionsverfahren bietet die Firma ***Redmaloo*** ihren Kunden 2 . Die Hülle ist aus deutschem Wollfilz gefertigt und bietet neben dem iPad auch einem ***Handy Platz*** 3 .

Im täglichen Betrieb werden Sie merken, dass der Bildschirm des iPad sehr schnell verfettet. Wie sollte es auch anders sein, bei einem Computer, der über Fingerbewegungen gesteuert wird. Für die Reinigung legen Sie sich einfach ein trockenes Brillenputz- oder Mikrofasertuch zur Seite. Auf die Verwendung eines feuchten chemischen Brillenputztuches oder der Reinigung mit etwas Seife sollten Sie erst zurückgreifen, wenn sich die Rückstände nicht trocken beseitigen lassen. Versuchen Sie am Besten den Gebrauch von chemischen Reinigungsmitteln so gering wie möglich zu halten. Obwohl in der iPad-Betriebsanleitung von der Reinigung mit Flüssigkeit abgeraten wird, wollen Sie vielleicht doch gelegentlich zu einem feuchten Tuch greifen.

Ein anderes Zubehör, auf das Sie sicherlich bei Ihrer Recherche nach iPad Accessoires stoßen werden, ist die iPad ***Bildschirmschutzfolie***. Die Meinungen über die Nützlichkeit dieser Schutzfolien gehen weit auseinander. Es gibt Leute, die selbst auf Geräten die manch anderer schon aussortiert hätte, noch Ihre Schutzfolie kleben haben. Das Gerät soll ja schließlich keinen Kratzer bekommen, so dass es sich wieder verkaufen lässt. Ich tendiere, nicht nur weil elektronische Geräte nach so langer Zeit meistens sowieso nur noch auf dem Flohmarkt einen Käufer finden, zum Einsatz elektronischer Geräte ohne Schutzfolie. Dies hat im Falle des iPads zwei wesentliche Vorteile: erstens, die Schutzfolien sind für einen Preis an die 20 Euro recht teuer und zweitens ist das iPad weitaus berührungsempfindlicher beim Einsatz ohne Schutzfolie. Vom Ärger mit Luftbläschen und Wellen in den Bildschirmfolien ganz zu schweigen.

Während ich von einer Schutzfolie abraten würde, kann es für Sie je nach Fingergefühl und um Schmutz auf dem Bildschirm zu vermeiden, Sinn machen, einen ***Eingabestift*** 1 zu verwenden wie er zum Beispiel von der Firma ***JustMobile*** angeboten wird.

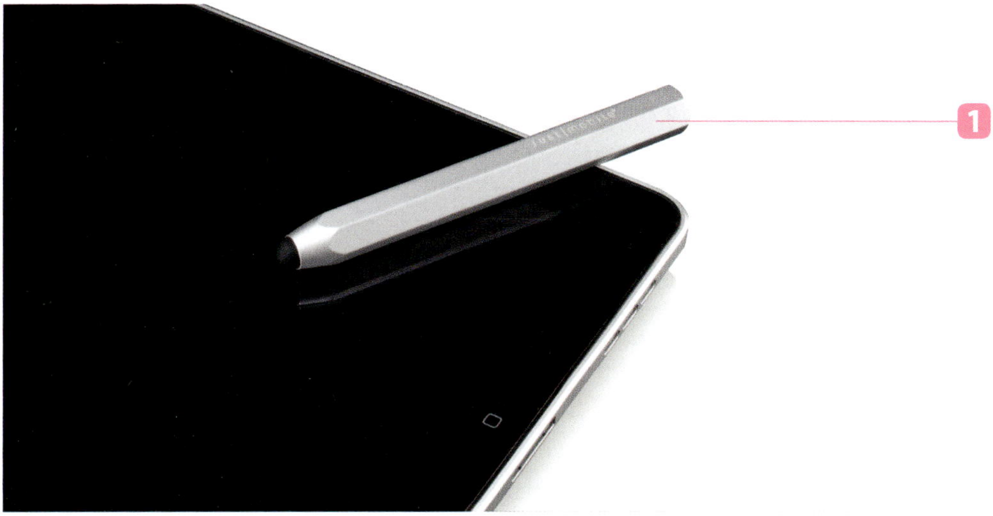

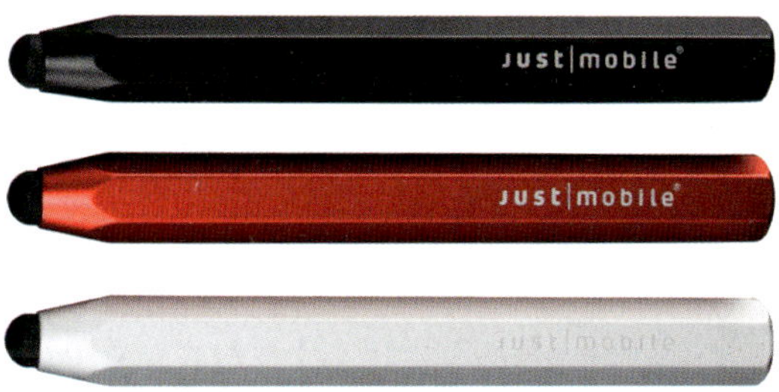

Diese Stifte haben den Vorteil, dass sie genau auf die Bildschirmempfindlichkeit des iPad abgestimmt sind. Lästiges Mehrfachtippen der Symbole entfällt. Allerdings müssen Sie sich auch im Klaren darüber sein, dass Sie zum Beispiel beim Schreiben einer Mail über die Tastatur nur mit einer Hand vorankommen, während Sie bei der direkten Bedienung über die Finger immer noch die Möglichkeit haben, mit der rechten und linken Hand parallel zu tippen.

Das sogenannte ***iPad Dock*** 1 oder zu Deutsch *die Tischladestation* bietet zwei nützliche Einsatzmöglichkeiten. Zum einen fungiert es als ansehnliche Ladestation, zum anderen hat es, genauso wie die iPad Smart Cover, den Charakter eines Notenständers. Ohne dieses nützliche Stück Zubehör würden Sie Ihren iPad wahrscheinlich laden, indem Sie ihn in die Nähe einer Steckdose legen und dort ungenutzt liegen lassen, bis er wieder aufgeladen ist. Mit der Dock haben Sie die Möglichkeit auch während des Ladevorgangs unkompliziert und in einer entspannten Position zu arbeiten. Durch den Einsatz eines weiteren Zubehörs, der ***kabellosen Tastatur*** 2, können Sie das iPad in der aufrechten Position der Ladestation belassen und in aller Ruhe mit der davorliegenden Tastatur tippen. Das Dock ist natürlich nicht nur nützlich, sondern rückt das iPad auch ästhetisch für Besucher ins rechte Licht.

Über diese beiden Verwendungsmöglichkeiten hinaus bietet die Ladestation Anschlüsse für das ***Camera Connection Kit*** 3 für ein ***Audiokabel*** 4.

3

Mit dem ***Camera Connection Kit*** können Sie Bilder direkt und unkompliziert auf Ihr iPad überspielen. Das Kit enthält zwei Komponenten, mit denen Sie das Überspielen vornehmen können: Entweder Sie verwenden den USB-Adapter und verbinden Ihre Kamera über das USB Kabel mit dem iPad oder Sie benutzen den SD-Kartenadapter, indem Sie die Speicherkarte aus der Kamera nehmen und diese in den Adapter einlegen. Besonders wenn Sie am direkten Überspielen von Bildern interessiert sein sollten, werden Sie großen Spass an der Ladestation und Ihrem Anschluss für das ***Camera Connection Kit*** haben. Das iPad kann in der Ladestation belassen werden. Sie müssen nur das Connection Kit auf der Rückseite des Docks anschließen, und schon kann die Bildübertragung beginnen.

Einen sehr ästhetischen ***iPad Tischaufsteller*** bietet außerdem die Firma ***JustMobile*** mit Ihrem ***UpStand*** 1. Wenn Sie vorhaben, mit Ihrem iPad auch das ein oder andere Mal in der Küche zu hantieren, bzw. es als Rezeptvorlage zu verwenden, ist dieser Aufsteller aus Metall hervorragend geeignet für einen besseren Lesewinkel.

1

Das iPad hat eingebaute Lautsprecher über die Sie problemlos im Notfall etwas laut abspielen können. Generell ist deren dauerhafte Verwendung aber nicht zu empfehlen. Nutzen Sie von anderen Audiogeräten vorhandene Kopfhörer oder legen Sie sich ein neues Paar für den Musikgenuss unterwegs oder auf der Couch zu. Achten Sie beim Kauf darauf, dass die ***Kopfhörer*** 2 auch gleich ein ***Mikrofon*** 3 für Videotelefonie besitzen.

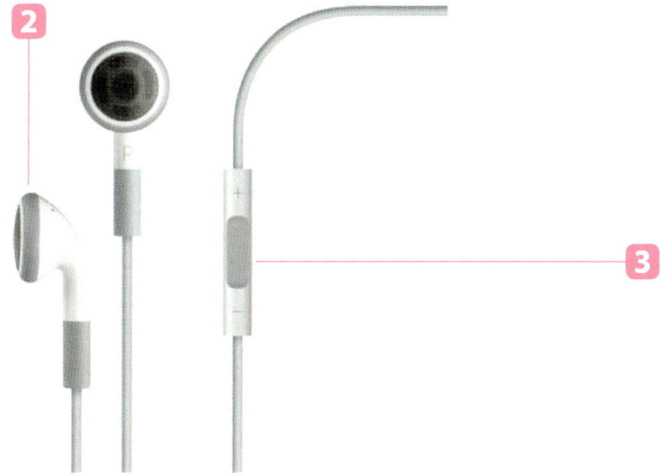

Wenn Sie das iPad auch in Ihren eigenen vier Wänden als Musikabspielgerät verwenden wollen, rate ich zu einer ***iPad Musikstation***. Musikstationen wie die ***OnBeat*** 4 der Firma ***JBL*** sind generell sehr einfach einzurichten und zu bedienen. Das iPad wird nur auf die Station aufgesetzt, und der iPad Musikgenuss im Haus kann beginnen.

Sollten Sie irgendwann gar nicht mehr von Ihrem iPad lassen können und es auch auf der Rückbank Ihres PKWs immer griffbereit montiert haben wollen, bietet Ihnen die niederländische Firma ***Vogels*** mit Ihrem ***Mount & Cover System for iPad*** 1 ein gutes Halterungspaket an. Mit diesem Komplethalterungssystem können Sie das iPad nicht nur an der Kopfstütze Ihres Autos installieren, sondern können es auch zu Hause an der Wohnzimmerwand montieren. Das iPad bleibt trotz festem Sitz in den jeweiligen Halterungen jederzeit abnehmbar und beweglich.

Das ***Booqpad*** 2 ist iPad Schutzmantel und Notizblock zugleich. Es bietet Ihrem iPad nicht nur eine stoßfeste Hülle, sondern hält auch Platz für Stifte, Bargeld, Visitenkarten und Entwürfe bereit.

Nehmen Sie diese Liste der wichtigsten Zubehörartikel als Orientierungshilfe. Im täglichen Umgang mit Ihrem iPad werden Sie schnell merken, was Sie wirklich an Zusatzfunktionen brauchen und was für Sie überflüssig ist. Gehen Sie in einen der großen Elektroniksupermärkte, lassen Sie sich die Produkte vorführen und machen Sie sich ein eigenes Bild von deren Handhabung. Lassen Sie sich nicht von der Vielzahl an Angeboten überwältigen. Viele Produkte gibt es doppelt und dreifach. Hier heißt die Devise: Qualität vor Preis. Greifen Sie, wenn möglich, entweder auf Apple Originalzubehörartikel oder andere erfahrene Markenhersteller zurück. Sie können hier nicht nur auf bessere Qualität setzen, sondern haben es meistens auch mit kulanteren Firmen zu tun, wenn das Produkt nicht Ihren Vorstellungen entspricht oder wenn aus irgendeinem Grund Qualitätsmängel vorliegen.

Hilfe

Hilfe

- *Fingerbewegungen*
- *Tastatur*
- *Notizen schreiben*

HILFE ZUR SELBSTHILFE

Wann immer Sie mit einem technischen Gerät in Berührung kommen, werden Sie auf Probleme stoßen. Dies ist auch beim iPad nicht anders. Allerdings hat das erste iPad bewiesen, dass es eines der zuverlässigsten Geräte auf dem Computermarkt überhaupt ist. Diese Tatsache ist mit ein Grund für die Beliebtheit des iPads.

Sollten Sie tatsächlich einmal Probleme haben, gehen Sie wie folgt vor:

- *Drücken Sie den Home-Button doppelt, um die Multitasking-Leiste aufzurufen. Schließen Sie hier alle Apps die mit einem roten Minus versehen werden und starten Sie die von Ihnen benötigte App neu.*
- *Wenn das nicht funktioniert, schalten Sie das Gerät einmal komplett ab. Halten Sie die An-/Austaste für ein paar Sekunden gedrückt, bis Sie mit dem roten Schieberegler* ***Ausschalten*** *das Gerät vollständig abschalten können. Warten Sie einige Sekunden, bis Sie das Gerät über langes Drücken der An-/Aus-Taste wieder in Betrieb nehmen. Das Apple Logo erscheint und Sie können nun wieder entriegeln.*
- *Behelfen Sie sich mit dem offiziellen* ***iPad Handbuch*** *1 und dem Kapitel Tipps und Fehlerbeseitigung. Dies müssen Sie erst aus dem Internet beziehen. Apple erspart sich hier die Mühe, die Bedienungsanleitung dem iPad Karton in gedruckter Form beizulegen. Sie können das Benutzerhandbuch zum einen über die Apple Webseite downloaden:*

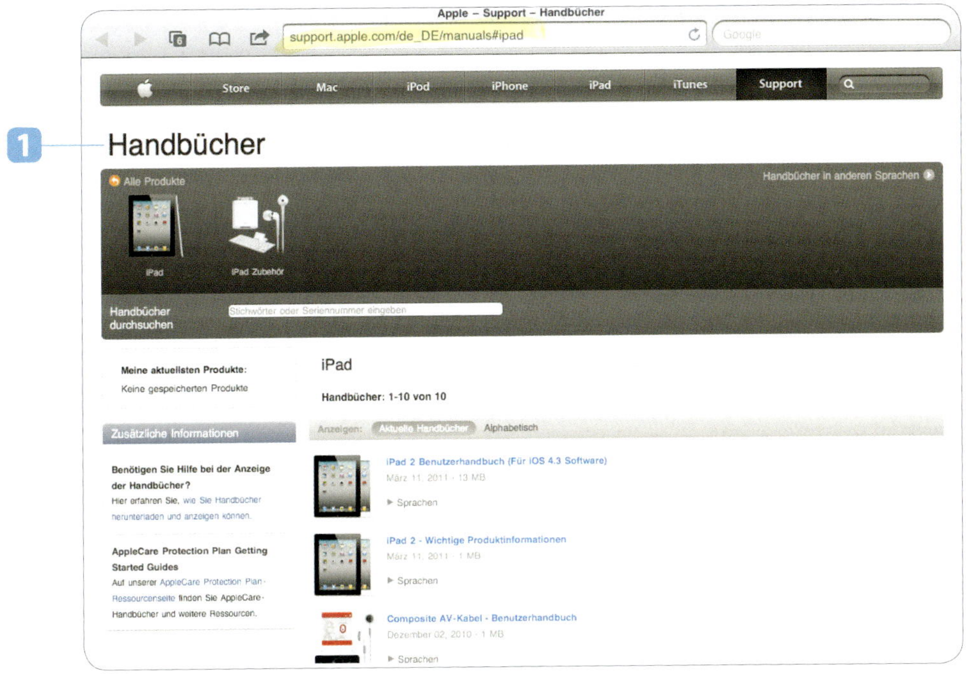

oder in der ***App iBooks*** nach dem Benutzerhandbuch stöbern. Dazu gehen Sie folgendermaßen vor:

- *Laden Sie sich zuerst die **iBooks App** 2 aus dem App Store herunter.*

- *Öffnen Sie die auf Ihrem iPad installierte iBooks App und tippen Sie auf* ***Store*** **1***:*

1

- *Geben Sie in das Suchfenster den Begriff* ***iPad Benutzerhandbuch*** **2** *ein und tippen Sie auf das Feld* ***Gratis*** **3***. Tippen Sie nochmals auf* ***Buch holen****.*

2
3

- *Geben Sie Ihr* ***iTunes Benutzerpasswort*** *ein und fahren Sie fort zum Download.*

- *Das Benutzerhandbuch erscheint nun in Ihrem iPad Bücherregal. Rufen Sie es auf, indem Sie darauf tippen.*

- *Probieren Sie die einzelnen Fingerbewegungen, um sich nun in Ihrer Bedienungsanleitung fortzubewegen. Nach links wischen bringt Sie auf die nächste Seite. Über die Seitenleiste kommen Sie immer wieder zur ersten oder zu einer anderen gewünschten Seite zurück.*

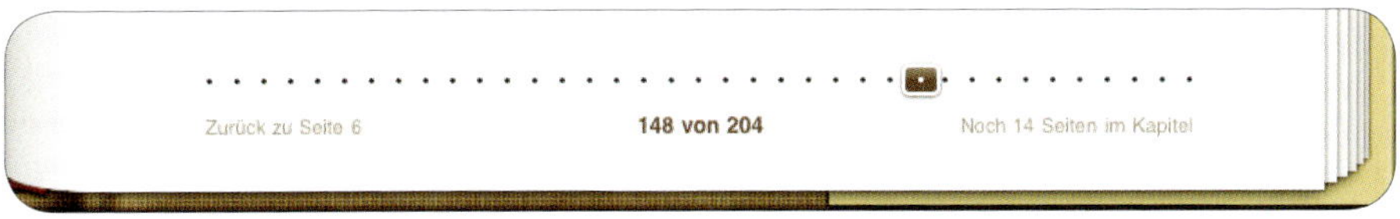

Wenn Ihnen diese Schritte alle zu aufwendig sind, Sie aber trotzdem in den Besitz der offiziellen Betriebsanleitung kommen wollen, dann bitten Sie doch einfach einen Bekannten, Ihnen das Dokument aus dem Internet zu laden und auszudrucken.

FREMDE HILFE IN ANSPRUCH NEHMEN

Hat sich Ihr Problem gelöst? Wenn nicht, sollten Sie sich nun fremder Hilfe bedienen. Hier haben Sie mehrere Möglichkeiten. Am einfachsten ist es natürlich, wenn sich jemand Ihres Problems direkt auf dem iPad annehmen kann.

- *Rufen Sie einen Verwandten oder Freund an, der auch ein iPad besitzt. Meistens hat er das gleiche Problem schon selbst lösen müssen und kann Ihnen auf Anhieb aushelfen. Vielleicht kommt er ja sogar auf einen Sprung vorbei oder Sie können ihm mit dem iPad unter dem Arm einen Besuch abstatten.*

- *Im Idealfall befindet sich der nächste Apple-Händler nicht weit von Ihrem Zuhause. Packen Sie Ihr iPad ein und fragen Sie das Servicepersonal vor Ort, was mit Ihrem iPad nicht in Ordnung ist.*

Gehen Sie mit Ihrem Gerät in einen Original-Apple Store. In Deutschland gibt es insgesamt fünf Geschäfte, die von Apple selbst betrieben werden. Diese befinden sich in Dresden, Frankfurt, München, Hamburg und Oberhausen.

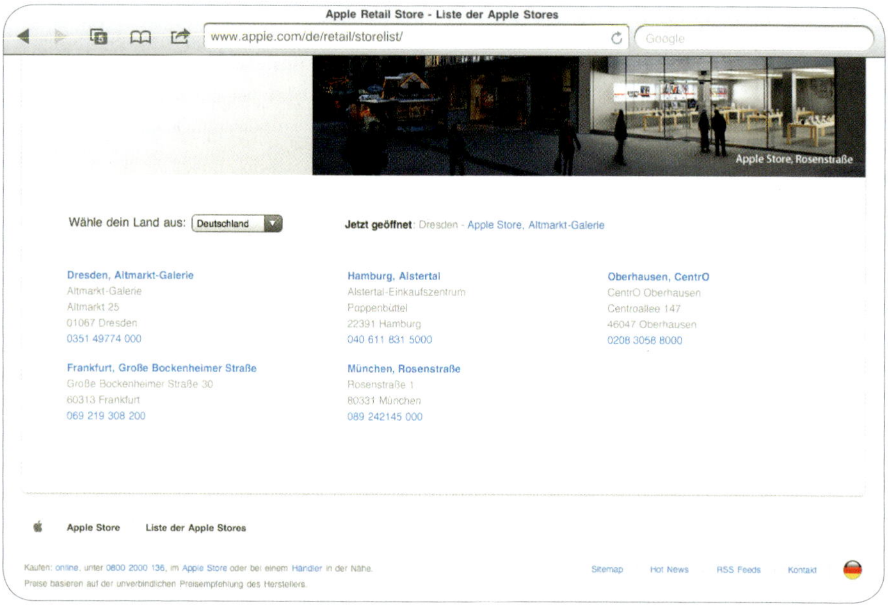

Wenn kein Original-Apple Store in Ihrer Nähe ist, wenden Sie sich am besten an einen sogenannten ***Apple Authorized Service Provider***. Dies sind offiziell autorisierte Händler der Firma Apple. Sie geben meistens Hilfestellung auf einem ähnlich hohen Niveau wie Apple selbst. Besonders die Firma ***Gravis*** hat sich mit ihrer Servicequalität über die letzten Jahre einen Namen gemacht.

- *Haben Sie nicht das Glück, dass ein Apple Geschäft direkt um die Ecke ist, rufen Sie Apple an. Unter der* ***kostenpflichtigen Telefonnummer 01805/009433*** *(0,14 € pro Minute aus dem deutschen Festnetz, max. 0,42 € pro Minute aus dem deutschen Festznetz) haben Sie als iPad-Kunde bis 90 Tage nach Ihrem Kauf Anspruch auf Hilfestellung per Telefon. Wenn Sie das Gespräch selbst führen müssen, notieren Sie sich im Voraus am besten genau, an welcher Stelle das iPad nicht mehr funktioniert. Auch bei dieser Art der Problemlösung bietet es sich an, auf einen Verwandten zurückzugreifen, der dem Apple Servicepersonal das Problem am Telefon schildert.*

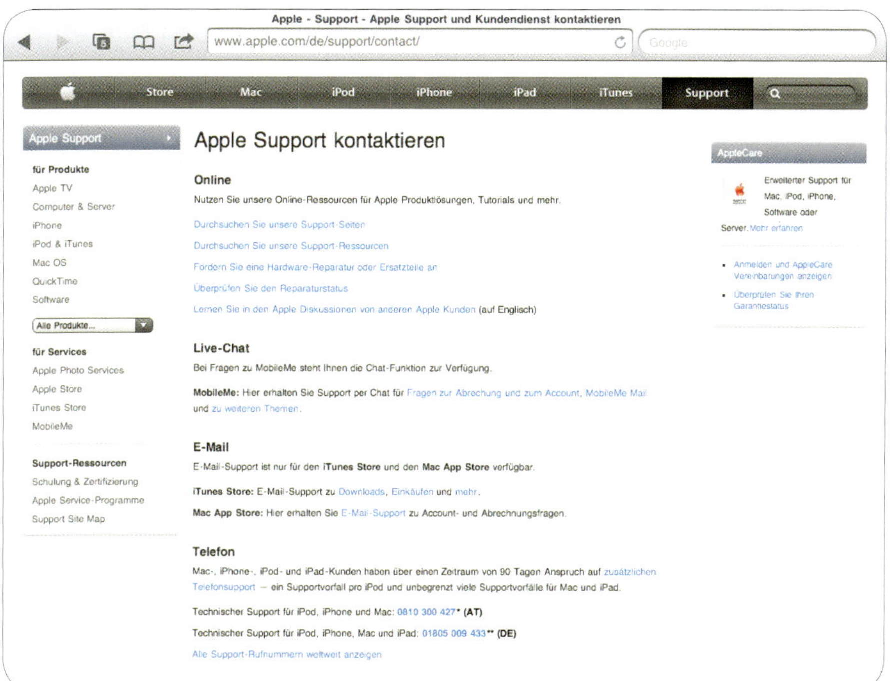

- *Vergessen Sie nicht, regelmäßig auf* ***www.schnellzumziel.com*** *vorbeizuschauen. Hier werden wir eine ständig aktualisierte Liste von Problemen und Lösungswegen zur Verfügung stellen.*

Schlusswort

Liebe Leserinnen und Leser,

mit der Lektüre der vergangenen Kapitel haben Sie nun die wichtigsten Apps Ihres iPad für den digitalen Dialog mit Ihrer Familie und Ihren Freunden kennengelernt. Sie haben gelernt zu mailen, Sie haben den Browser für das Surfen im Internet verwendet und haben Ihr iPad mit Facetime, Skype und Sipgate als Telefon bzw. Videotelefon eingesetzt.

In unserer Recherche zu diesem Buch haben wir die aktuellsten Informationen aus dem Internet und aus den Fachzeitschriften rund um das iPad 2 einfließen lassen. Wir werden die Entwicklung des iPad 2 und die dafür zur Verfügung gestellten Inhalte weiterhin sorgfältig beobachten und Ihnen auf unserer Webseite ***www.bundwverlag.de*** *neue Möglichkeiten im Umgang mit dem iPad speziell für Ihre Bedürfnisse aufzeigen. Schauen Sie vorbei.*

Wir hoffen, dass Ihnen dieser Ausflug in die Welt des Internets und des digitalen Austauschs gefallen hat. Probieren Sie möglichst viel aus. Wir wissen aus persönlicher Erfahrung, dass es nicht immer einfach ist, mit der rasanten Entwicklung des Internet mitzuhalten. Sie werden mit der Zeit feststellen, dass sich dort, genauso wie bei anderen Themen, bestimmte Strukturen immer wiederholen. Dieser Wiedererkennungswert schafft Vertrautheit und lässt Ihre Berührungsängste kleiner werden.

Abschließend möchten wir Ihnen noch einen Ratschlag mit auf den Weg geben, der die anhaltende Diskussion um Soziale Netzwerke thematisiert: Wir haben Ihnen in diesem Buch anhand von Facebook kurz erläutert, wie ein Soziales Netzwerk aussieht. Ihre Bedenken gegenüber Facebook & Co., sofern Sie welche hegen, sind sicherlich gerechtfertigt und lassen sich auch nicht ignorieren. Wir hier beim Verlag sind rege Nutzer vieler Sozialer Netzwerke und sind der festen Überzeugung, dass wir uns mit ihren Möglichkeiten aber auch mit ihren Gefahren auf die